DIE FREUNDLICHE REVOLUTION

Für

Christina

Philippe Narval

DIE FREUNDLICHE REVOLUTION

WIE WIR GEMEINSAM DIE DEMOKRATIE RETTEN

MOLDEN

INHALT

VORWORT 6

WARUM ICH DIESES BUCH SCHREIBE 12

Über eine abgesagte kleine Rebellion in den Salzburger Bergen und was ich als Kind über die Menschen lernte.

EIGENE IRRWEGE ERKENNEN 19

Von einem ereignisreichen Abend in New York, wie Ungleichheit und die Dynamiken sozialer Netzwerke unsere Demokratie gefährden und warum wir für die komplexen Probleme der Gegenwart neues politisches Handwerkszeug brauchen.

VERTRAUEN 39

Wie ein Vorarlberger Bürgermeister gemeinsam mit seinem Dorf einen berüchtigten Mitstreiter Jörg Haiders besiegt, ein Beamter der Vorarlberger Landesregierung beginnt, den Bürgern zu vertrauen, und ein Kindergarten das Einmaleins der Beteiligung lernt.

DAS GROSSE IM KLEINEN ERKENNEN 54

Was Stadtentwicklung mit den Bürgern bringt, wie zwei starke Frauen von der Stadtverwaltung Dortmunds plötzlich Schätze heben und Vorurteile gegen ein verrufenes Viertel bekämpfen.

NIEMALS AUFGEBEN 68

Wie junge Studenten ein Land für Verfassungsrechte begeistern, warum es gefährlich wäre, wenn Richter zu Automaten würden, wie ein Albtraum für die *Schweizer Volkspartei* aussieht und ein bekannter Journalist wieder Hoffnung schöpft.

DEN BÜRGER FÜR VOLL NEHMEN 89

Wie ein erzkatholisches Land als erstes weltweit überraschend für die „Ehe für alle“ stimmt und dabei zum Musterland der Demokratiereform wird und wie Bürger wie du und ich für die Politik die heißen Kartoffeln aus dem Feuer holen.

AKTIV WERDEN 110

Wie eine E-Mail über eine Penis-Fotocollage einen Parteigründer zum Zweifeln bringt, warum wir auch für unsere Siege und nicht nur für unsere Niederlagen zahlen und wie die Herzenspolitik Barcelona in Bewegung versetzt.

DIE DIGITALE REPUBLIK AUSRUFEN 129

Wie eine französische Abgeordnete entscheidet, die Dinge in der Politik anders zu machen, und was herauskommt, wenn 21.000 Bürger an einem Gesetz schreiben.

DIE ZUKUNFT IM DIALOG GESTALTEN 137

Was Papst Franziskus unter einem „guten Kampf“ versteht, warum wir bei uns selber beginnen müssen, was uns auf dem Weg zu einer neuen Beteiligungskultur helfen kann und Europa wieder näher an die Bürger bringt.

DANKSAGUNG 156

WEITERFÜHRENDE LITERATUR 158

VORWORT

Im Jahr 2018 feiert Österreich 100 Jahre Republik. Die Probleme, vor denen unser Land im Jahr 1918 stand, waren so riesig, dass die Staatsgründer zur Überzeugung kamen, dass sich diese nur lösen lassen, wenn die Bevölkerung über die Wahl des Parlaments ihr Schicksal selbst mitbestimmen kann. Demokratie und freie Wahlen, die nun auch Frauen offenstanden, währten leider nicht lange. Schon wenige Jahre später legten sich die Schatten des Austrofaschismus und des Nationalsozialismus über die junge Republik. So kurzlebig Demokratie und Freiheit in der Ersten Republik waren, so entscheidend wurden sie für das Wiederauferstehen unseres Landes nach dem Zweiten Weltkrieg.

Doch das Erfolgsmodell der repräsentativen Demokratie findet heute weder inner- und noch außerhalb Österreichs uneingeschränkte Zustimmung. Der Glaube an die Demokratie als „beste" Staatsform und das Vertrauen in den Staat und die politischen Institutionen nimmt stetig ab. Die Gründe für diesen Vertrauensverlust sind vielfältig. Unzählige Analysen widmen sich der Krise des westlichen politischen Systems, dem Phänomen des Populismus und dem Aufkommen von Extremismus. In den Diskussionen zu diesem Thema fällt auf, wie viel Zeit der Beschreibung der Probleme gewidmet wird und wie wenig Aufmerksamkeit dem Nachdenken über neue Wege zur Erneuerung der Demokratie geschenkt wird.

Mehr und mehr befeuern die Populisten unsere Debatten. Sie treten mit dem Vorwurf an, dass die regierenden Eliten den wahren Volkswillen missachten würden, und fordern die Einführung der „direkten Demokratie". Damit meinen sie allerdings meistens bloße Ja/Nein-Abstimmungen ohne einen breiten Dialog, ohne ein Ringen um tragfähige Kompromisse und ohne Schutz von Minderheiten.

Doch viele gesellschaftspolitische Zukunftsfragen lassen sich nicht auf Ja/Nein-Entscheidungen reduzieren.

Philippe Narval beschreibt, dass sogar das meist als Vorbild gepriesene Schweizer Modell der direkten Volksentscheide in die Jahre gekommen und reformbedürftig ist. In den letzten Jahrzehnten haben Parteien wie die SVP das direktdemokratische Instrument in der Schweiz nicht selten für politische Stimmungsmache missbraucht. Wenn dabei jedoch die Grundrechte in Gefahr geraten, wie es bei der Abstimmung zur sogenannten „Durchsetzungsinitiative“ im Februar 2016 der Fall war, braucht es eine aktive Zivilgesellschaft, die dagegenhält. Dass damals gerade eine kleine Gruppe von Studentinnen und Studenten unter dem Namen *Operation Libero* den politischen Goliath SVP in die Knie zwang, war für viele politische Beobachter eine große Überraschung und ist eines der spannendsten Kapitel des vorliegenden Buches. Den „Liberos“ gelang es, mit ihrer aufklärerischen Gegenkampagne die Schweizer Bevölkerung für die heiklen Verfassungsfragen zu sensibilisieren und am Ende die öffentliche Meinung für sich zu gewinnen. Die Geschichte der Initiative zeigt, dass man sich nicht auf das Niveau der Populisten begeben muss, wenn es darum geht, Manipulation und billiger Stimmungsmache entgegenzutreten.

Eine konstruktive Weiterentwicklung unserer repräsentativen Demokratie darf also nicht auf die bloße Ausweitung direkt demokratischer Mittel wie Volksabstimmungen beschränkt werden. In der aktuellen politischen Lage können diese Instrumente sogar zu einer noch tieferen Spaltung der Gesellschaft führen und ebenso den europäischen Einigungsprozess blockieren. Wenn einzelne EU-Staaten über Themen, die alle Mitgliedsländer betreffen, nationale Abstimmungen organisieren, kann das schnell dazu führen, dass die EU handlungsunfähig wird. Die Volksabstimmung in Holland im Jahr 2016, an der sich nur knapp 32 Prozent der Wahlberechtigten beteiligten, führte zum Beispiel dazu, dass ein wichtiges Assoziierungsabkommen der EU mit der Ukraine zu Fall gebracht wurde. Dass im Vorfeld der Abstimmung extremistische Kräfte über soziale Medien Stimmungsmache betrieben, wirft Parallelen zum Brexit und zur US-Präsidentenwahl im selben „Schicksalsjahr“ 2016 auf.

Doch welche alternativen Ansätze gibt es, um Politik, abseits von Wahlen und Abstimmungen, mit den Bürgern und Bürgerinnen zu machen und nicht gegen sie? Einige Politikwissenschaftler machen sich dafür stark, auf mehr Bürgerbeteiligung zu setzen. So wichtig deren theoretische Überlegungen als Grundlage für Reformen politischer Entscheidungsprozesse sein mögen, so sehr braucht es dennoch auch konkrete Schritte für Neues. Solch innovative Umsetzungsprozesse in der Praxis stehen im Mittelpunkt von „Die freundliche Revolution". Philippe Narval erzählt Geschichten gelungenen Wandels, in denen Politikerinnen und Politiker zusammen mit Bürgerinnen und Bürgern neue Wege der Entscheidungsfindung und Beteiligung gehen. Dem Buch liegt die Überzeugung zugrunde, dass unsere Demokratie sich gerade in Zeiten massiver gesellschaftlicher Veränderungen weiterentwickeln muss, um fähig zu sein, die großen Probleme unserer Zeit zu lösen. Denn aufgrund der steigenden Komplexität der zu entscheidenden Themen ist die Einbeziehung unterschiedlicher Perspektiven und Sichtweisen der einzige Weg, um zu tragfähigen und nachhaltigen Lösungen zu kommen. Man braucht hier nur an Themen wie den Klimawandel, die Digitalisierung oder die Globalisierung zu denken, um zu wissen, was gemeint ist. Die Einbindung der Bürgerinnen und Bürger in die politische Entscheidungsfindung kann in Zukunft nicht mehr nur darauf reduziert werden, dass wir alle paar Jahre wählen gehen. Die Geschichten in diesem Buch bestechen durch die Vielfalt an Ansätzen, unsere demokratische Kultur zu erneuern. Seine Protagonisten reichen von der Kindergartenleiterin Rosi Lamprecht, die zeigt, wie man Mitentscheidung und Engagement schon im Kindergarten üben kann, bis hin zur Bürgermeisterin von Barcelona, Ada Colau, die Stadtentwicklung unter anderem über eine digitale Beteiligungsplattform betreibt.

Das von Philippe Narval anschaulich beschriebene Beispiel der irischen *Citizen Assembly* zeigt, wie gut auch einfache Bürger fähig sind, im Konsens wertvolle Reformempfehlungen zu Problemen zu entwickeln, an denen die Politik über Jahre gescheitert war. Die Irische Bürgerversammlung, in der 99 per qualifiziertem Zufallsverfahren ausgewählte Bürgerinnen und Bürger unter Einbeziehung von Fachexperten zu Zukunftsfragen und zur Reform der Verfassung zwischen 2016 und 2018 arbeiten, stand dabei nicht in Konkurrenz zum Parlament, sondern fungierte als wertvolle Ergänzung zu politischen Entscheidungsprozessen, die oft über Jahre in ideologischen Grabenkämpfen festgefahren waren. Das Thema Abtreibung sei hier nur als Stichwort genannt.

Solche neuen Formen der Beteiligung können der Politik aber auch helfen, Fachwissen viel effektiver einzuholen und Perspektiven von weniger organisierten Interessengruppen kennenzulernen. Auch das „partizipative Gesetzgebungsverfahren", welches Axelle Lemaire erstmals 2015 als Digitalministerin in Frankreich umsetzte, beweist, dass die frühe Einbindung von Bürgerinnen und Bürgern in den Gesetzgebungsprozess einen großen inhaltlichen Mehrwert bringt. Politische Entscheidungsprozesse leiden nicht selten darunter, dass die Politiker und Politikerinnen eben nur eingeschränkt Zugang zu relevanten Informationen haben, beziehungsweise gut organisierte Interessengruppen und Lobbys den „Informationsmarkt" dominieren. Offene Gesetzgebungsverfahren, wie das von Lemaire initiierte, wirken dem entgegen und machen zudem Entscheidungsprozesse transparent. In Zeiten, in denen viele Bürgerinnen und Bürger immer häufiger das Gefühl haben, dass Politik nur noch von Interessengruppen und Lobbys gemacht wird, bietet dieser Ansatz einen willkommenen Ausweg. Auch in Österreich spräche nichts dagegen, in die Gesetzgebungsverfahren breite Konsultationen einzubeziehen und sie offen und transparent zu gestalten.

Wenn Bürgerinnen und Bürger der Art und Weise, wie Politik gemacht wird, mit Misstrauen begegnen, haben Politiker und Politikerinnen oft das Gefühl, dass sie in ihrer Verantwortung alleingelassen sind oder dass sie sich sogar dem Willen des Volkes entgegenstellen müssten. Der Erwartungsdruck aus der Bevölkerung ist meist hoch und nicht alles, was an Wünschen an die Politik herangetragen wird, ist auch machbar oder gar sinnvoll. Gleichzeitig fordert der politische Zeitgeist, dass alles schnell gehen muss, ohne zu bedenken, dass gute

Entscheidungen und Kompromissfindungen einfach auch ihre Zeit brauchen. Wenn es der Politik jedoch in dieser Situation gelingt, sich zu öffnen und Allianzen mit Bürgerinnen und Bürgern auch außerhalb politischer Parteien zu schmieden, kann das eine neue Chance für die Politik sein, besser verstanden und auch breiter akzeptiert zu werden.

Das Potenzial an „Aktivbürgern“, die sich für das Gemeinwohl engagieren oder eine hohe Bereitschaft zum Engagement haben, wird von der Politik oft gar nicht wahrgenommen. Anders ist das bei jenen Pionieren, die Philippe Narval in den Mittelpunkt seiner Überlegungen zur Weiterentwicklung der Demokratie stellt.

Der Bürgermeister einer kleinen Gemeinde in Vorarlberg setzt in der Dorfentwicklung auf den Dialog mit Menschen, die sich zwar engagieren, aber nicht unbedingt als Teil der Politik und schon gar nicht Teil einer Partei sein wollen. Die Stadt Dortmund bindet in die Stadtteilentwicklung des sozial und wirtschaftlich benachteiligten Nordens der Stadt ebenfalls „Aktivbürger“ ein. Sie sind als Expertinnen und Experten für ihr direktes Lebensumfeld akzeptiert und können Initiativen starten, die die Lebensqualität in ihren Vierteln sozusagen „bottom up“ verbessern. Diese Art von Beteiligung beinhaltet aber auch die Bereitschaft Verantwortung zu übernehmen.

Dass Beteiligung – insbesondere ihre neuen Formen – von beiden Seiten, nämlich von der Politik und den Bürgerinnen und Bürgern, gelernt werden muss und dass dieser Kulturwandel auch Zeit benötigt, betont der Autor zu Recht. Noch wichtiger erscheint ihm aber die innere Haltung, die die Politik braucht, um sich auf diese neuen Formen der Zusammenarbeit einzulassen. Ergebnisoffen zu arbeiten, wie es in Dortmund und Vorarlberg praktiziert wird, heißt für die Politik nichts anderes, als ohne vorgefertigte Antworten in den Dialog zu gehen, mit den richtigen Fragen und mit großer Offenheit für neue Lösungen. Dort, wo Beteiligung nur „eingesetzt“ wird, um Akzeptanz für Entscheidungen zu schaffen, die schon längst getroffen wurden, ist sie eine Show und daher abzulehnen.

Über die letzten Jahre haben wir uns beim *Europäischen Forum Alpbach* intensiv mit der Frage beschäftigt, wie es in Europa weitergehen kann. Die Digitalisierung, die Folgen der Globalisierung und des Klimawandels fordern unsere Gesellschaften enorm heraus. Sie sind aufgrund ihrer Komplexität nur schwer fassbar, verunsichern, ja machen häufig Angst. Es ist schwierig, in einem solchen Klima gemeinsame Lösungsansätze zu entwickeln. Dazu kommt, dass die Logiken der sozialen Netzwerke das Auseinanderdriften der Gesellschaft noch verstärken. Kein Wunder also, dass die Politik immer weniger in der Lage ist, den Menschen klarzumachen, dass es gute Lösungen gibt und die Zukunft nicht vorherbestimmt ist.

„Freundliche Revolutionen“ beweisen, dass eine Gegenbewegung in Gang gekommen ist, der bisher zu wenig Beachtung geschenkt wurde. Ob in Vorarlberg, Irland, Barcelona oder Dortmund, überall in Europa entstehen neue Initiativen und begegnen Politik und Bürger einander im Dialog. Die Experimente, die Philippe Narval beschreibt, sind längst über den Prototypenstatus hinausgewachsen und haben sich in der Praxis bewährt. Beteiligung und partizipative Demokratie, um das Wissen breiter Bevölkerungsgruppen in politische Prozesse einzubinden und Entscheidungen auf eine breite Basis zu stellen, haben „Praxisreife“ erlangt. Man kann erfolgreich das Potenzial der „Aktivbürger“ ausschöpfen und deren Engagement besser nutzen. Es gelingt, Entscheidungshilfen zu schwierigen Zukunftsthemen abseits der Interessenpolitik zu entwickeln. Wir haben die notwendige Kenntnis und wir haben dank dieses Buches nun auch einen „Reisebericht“ aus der Praxis. Worauf warten wir also? Gehen wir gemeinsam voran, wir erweisen damit unseren Demokratien einen guten Dienst!

Dr. Franz Fischler

Präsident des Europäischen Forum Alpbach

WARUM ICH DIESES BUCH SCHREIBE

Über eine abgesagte kleine Rebellion in den Salzburger Bergen und was ich als Kind über die Menschen lernte.

Aufgewachsen bin ich auf einem Bauernhof in einem Dorf im Salzburger Land. Das Bauernhaus und der Stall standen auf einer leichten Anhöhe über dem Ort umringt von Wiesen. An die Kühe im Stall kann ich mich nicht mehr erinnern, aber es gibt ein paar Fotos von mir als Dreijähriger auf einem Heuhaufen im Stadel oder im Sommer auf der Weide mit einem Hüterstock in der Hand. Mein Großvater musste unsere Landwirtschaft aufgrund einer Erkrankung aufgeben, als ich noch ein Kleinkind war und mein Vater weder Zeit noch Interesse daran hatte. Meine Mutter führte dafür auf unserem Hof aber die Gästepension weiter, nachdem schon die Großeltern im Nebenerwerb mit Zimmervermietung begonnen hatten.

Als Kind empfand ich es manchmal als lästig, auf die Gäste Rücksicht nehmen zu müssen, denn im Haus mussten mein Bruder und ich während der Saison leise sein. Die Weihnachtsbescherung im Kreise der Familie war auch immer recht kurz, weil am Abend auch noch die Feier mit den Gästen anstand. Gleichzeitig waren für mich die unterschiedlichen Begegnungen mit unseren „Fremden“, die zu dieser

Zeit meistens schon „Gäste" genannt wurden, interessant und bereichernd mit all ihren Lebensgeschichten und Weltanschauungen. Ich hatte schon in jungen Jahren den Eindruck, dass sozialer Status, Ausbildung oder Herkunft wenig Einfluss darauf haben, ob jemand vertrauenswürdig und umgänglich ist oder nicht, auch weil die Menschen im Urlaub ihre äußere Fassade leichter fallen lassen. Ein gescheiter Professor aus Hamburg konnte sich als unangenehmer Querulant entpuppen und ein einfacher Stahlarbeiter aus dem Ruhrpott als humorvoller, liebenswürdiger Zeitgenosse.

Unser Dorf war auch außerhalb der Urlaubszeit ein Mikrokosmos mit allen möglichen Charakteren. Es gab nette Menschen, weniger nette, engagierte und weniger engagierte. Ein alter Bauer, der gerade einmal die Volksschule abgeschlossen hatte, konnte einem oft mehr Lebensweisheit mitgeben oder über Zusammenhänge in der Natur erzählen als so manches kluge Buch. Wenn es mir leichtfällt, in meiner Arbeit für das *Europäische Forum Alpbach* mit Menschen ganz unterschiedlicher Hintergründe und Ansichten in Kontakt zu treten und mit ihnen auf Augenhöhe zu sprechen, ist der Grund wohl, dass ich das Zugehen auf Menschen schon in meiner Kindheit lernen konnte. Dabei hat mich immer auch viel Vertrauen in meine Mitmenschen und ihre Fähigkeiten, ganz egal woher sie kamen und wer sie waren, begleitet. Es ist die Grundlage für mein heutiges Verständnis von Demokratie. Wir alle sind fähig und mündig, an ihr teilzuhaben und an der Gestaltung unserer Gesellschaft mitzuwirken.

Ab den 1960er-Jahren erlebte mein Heimatdorf durch den Winter- und Sommertourismus einen markanten wirtschaftlichen Aufschwung. Zu Hause ersetzte ein roter Lindner-Traktor die beiden Rösser und aus dem Plumpsklo wurde ein WC. Meine Mutter bewahrt noch immer die grünen Gästebücher mit dem goldenen Schriftzug am Einband aus dieser Zeit auf. Die Bilder darin zeigen, wie die Urlauber gemütlich in der Stube sitzen, mit meinem Großvater am Gipfelkreuz unseres Hausbergs stehen, oder vor der Haustüre noch kurz vor der Abreise, selbstverständlich inklusive Familie und manchmal zwischen meterhohen Schneewänden. Fast jeder machte sich die Mühe, ein paar

Zeilen im Buch zu hinterlassen, und einige verfassten sogar ganze Gedichte zu Ehren ihrer Gastgeber. In den 1970er-Jahren wurden wir an ein größeres Skigebiet angebunden und meine Familie entschloss sich, durch einen umfangreichen Umbau des Hofs den neuen Standards für die Zimmervermietung zu entsprechen. Anfang der 1990er-Jahre ging es mit dem Sommertourismus in der Region bergab. Die Westdeutschen fuhren ans Meer, die Ostdeutschen, die nach dem Mauerfall nachfolgten, kamen nur einmal. Sie wollten dann auch den Rest der Welt sehen.

Das Dorf hatte seine Sonnen- und Schattenseiten. Ein mächtiger Bürgermeister, er war später auch Landtagsabgeordneter, steuerte neben den Gemeindeangelegenheiten auch sein Sägewerk. Sein Bruder war zu dieser Zeit bereits Chef der Skilifte. Gegen die beiden brauchte man sich nicht aufzulehnen. Als dieser Bürgermeister Mitte der 1980er-Jahre in finanzielle Schwierigkeiten geriet, wollte er sein Sägewerk, das mitten im Ort – gleich gegenüber der Dorfkirche und des Gemeindeamts – stand, so gewinnbringend wie möglich verkaufen. Am selben Platz sollte nun ein riesiger Apartmentkomplex entstehen. Als meine Eltern die ersten Pläne zu Gesicht bekamen, waren sie äußert schockiert, denn da war kein kleines, gemütliches Dorfhotel mit ausreichend Grünfläche geplant, von dem ursprünglich die Rede war, sondern eine mächtige Trutzburg, die das gesamte Zentrum des Ortes beherrschen würde. Der Bau sollte bis zum Ufer des Baches reichen und dass die Gebäudemauern damit direkt in der Hochwasserzone stehen sollten, störte den Bürgermeister und die Projektentwickler genauso wenig, wie dass die Wohnungen im „Aparthotel“ viele Monate außerhalb der Saison leer stehen würden.

Ich kann mich gut daran erinnern, als meine Mutter, meine Großmutter, mein Vater und einige ihrer Freunde aus dem Ort eines Tages bei uns im Wohnzimmer zusammenkamen. Ich durfte ausnahmsweise länger aufbleiben und dem Gespräch lauschen. Meine Eltern und ihre Freunde hatten nichts gegen einen Hotelbau an sich. Aber könnte daraus nicht etwas werden, das unseren Ortskern verschönern würde, mit einem kleinen Vorplatz, einem Dorfbrunnen und einer Grünfläche? Die Fehler anderer Wintersportorte, in denen Apartmenthotels in großer Zahl leer standen und die Landschaft verschandelten, dürfe man nicht wiederholen, darin war man sich einig. Da kam meine Mutter auf die Idee, Unterschriften gegen den Bau zu sammeln.

So etwas habe es in der kleinen 800-Einwohner-Gemeinde noch nie gegeben, gaben die anderen zu bedenken, waren aber bereit mitzumachen und es zumindest zu versuchen. In den kommenden Wochen zogen meine Mutter und ihre Mitstreiter von Haus zu Haus. Die Leute waren zu Beginn überrascht, dass sich jemand gegen den mächtigen Bürgermeister zu opponieren traute. Doch die Argumente gegen das Bauprojekt und vor allem der Gegenvorschlag, der vorsah, ein an die Bedürfnisse des kleinen Dorfes angepasstes Konzept umzusetzen, leuchtete dann doch vielen Leuten ein.

Als ich an einem Herbsttag von der Schule nach Hause kam, begrüßte mich meine Mutter nicht nur freudig, sondern in großer Aufregung und rief: „Wir haben es geschafft!" Mehr als 50 Prozent der Dorfbevölkerung hatten gegen das geplante Bauprojekt unterschrieben. Die Landesverwaltung wurde informiert und meldete zurück, dass man aufgrund dieser Vorbehalte das Vorhaben genauer unter die Lupe nehmen würde und es sehr gute Chancen gäbe, den Apartmentkomplex zu verhindern. Siegessicher trommelte meine Mutter ihre Mitstreiter ein paar Tage später bei uns zusammen. Sie malten sich gemeinsam aus, was nun entstehen könnte. Ein gemütliches Gasthaus mit Hotel, ein Dorfbrunnen, vielleicht auch ein paar Räume für verschiedene Veranstaltungen. Kurz: ein Bau, der zum Ort passen würde.

Doch dann begann meine Großmutter ernste Zweifel zu äußern. Sie hatte nie an den Erfolg der Unterschriftenliste geglaubt und sich deshalb nicht eingemischt. Jetzt warnte sie, dass der Investor sich zurückziehen könnte, wenn man das Projekt verhindere, der Bürgermeister den Grund daher vielleicht gar nicht verkaufen könne, in Konkurs gehen würde und wir für immer die Schuldigen wären. Wir, würde es dann heißen, hätten ihn in den Ruin getrieben und bräuchten uns im Ort dann nicht mehr blicken lassen.

Die Äußerungen meiner Großmutter wurden generell sehr ernst genommen, nicht nur in der Familie, sondern auch im Dorf. Sie hatte über Jahre den Hof mit meinem Großvater geführt und daneben noch für lange Zeit den örtlichen Tourismusverband geleitet und mit aufgebaut. Meine Mutter wollte ihrer Schwiegermutter gegenüber nicht klein beigeben und warf ihr vorauseilenden Gehorsam vor. Das Klima zwischen beiden wurde immer gereizter. Die Stimmung in der Gruppe drehte sich und nach einer langen Nacht wurden die Zweifel der anderen, inklusive die meines Vaters, immer größer. Meine Mutter gab auf und am Ende zog die „Rebellengruppe“ ihre Einwände bei der Landesregierung zurück. Der Bürgermeister verkaufte den Grund, tilgte seine Schulden und das Aparthotel wurde gebaut. Die meisten Wohnungen stehen heute leer, immer weniger Gäste wollen während ihres Urlaubs in einem Apartmentblock sitzen. Der Traum der sanften Dorfverschönerung war geplatzt. Ich fragte mich später oft, was gewesen wäre, wenn Bürgermeister und Dorfbewohner damals gemeinsam an einem vernünftigen Projekt gearbeitet hätten. Was wäre passiert, wenn man aufeinander zugegangen wäre, im Wissen, dass nur so eine tragfähige und zukunftsweisende Entwicklung unserer Gemeinde gelingen kann?

Mehr als dreißig Jahre später beobachte ich in meiner Rolle als Geschäftsführer beim *Europäischen Forum Alpbach* aus nächster Nähe, wie auch die große Politik ermattet und in Zynismus und Mutlosigkeit verfallen kann. Mit Machtgehabe und geschickter Inszenierung verdeckt man zu oft nur die eigene Ratlosigkeit. Wir Bürger haben der Politik die Verantwortung für unsere Zukunft überlassen und diese Last wiegt schwer. Heute bin ich mehr denn je überzeugt, dass die Politik scheitern wird, wenn sie unsere Probleme von oben herab lösen will. Sie wird weder Akzeptanz für schwierige Entscheidungen finden, noch werden diese der Zukunft und den Menschen gerecht werden. Vielleicht haben wir Bürger es einfach satt, bevormundet zu werden. Im Kindergarten und in der Schule wird uns gesagt, was wir zu tun haben und wie. Im Berufsleben heißt es dann allerdings wieder, der Arbeitsmarkt brauche heute kreative, selbstständige und unternehmerische Köpfe. Irgendwie geht das nicht zusammen und wir müssen uns die Frage stellen: Will die Politik mündige Bürger oder nicht?

Gleichzeitig erleben wir, wie die „schweigende Mehrheit“ immer häufiger von einer lauten Meute überrannt und überrumpelt wird. Wir alle kennen das, wenn bei einer Versammlung einige wenige dominieren, weil sie am lautesten schreien, und wie die, die wirklich etwas zu sagen haben, aufgeben, noch bevor sie zu Wort kommen. Bei Diskussionen in den sozialen Medien und Internetforen ist das Realität und sogenannte Trolle haben uns dort übertrumpft. In den Parlamenten Europas werden Scheingefechte geführt, die Entscheidungen fallen oftmals nicht dort, sondern ganz woanders. Wer das weiß, geht zu den wahren Machtzentren, in die Ministerbüros und Kabinette, zu den Assistenten der Landeshauptleute oder ausgefuchsten Lobbyisten, die gleich eine Paketlösung für ein neues Gesetz oder eine neue Verordnung anbieten. Gewählt jedoch wurden die Beraterstäbe nie und sie haben auch gar keine Zeit und wohl auch kein Interesse, sich mit den Anliegen der Bürgerinnen und Bürger auseinanderzusetzen. Gehetzt rennen sie von Termin zu Termin, von Schlagzeile zu Schlagzeile oder sichern sich gerade ihre Karriere nach diesem Job. Machterhalt um jeden Preis ist das Motto.

Das Schiff der Demokratie ist also in Seenot geraten. Schauen wir dabei zu, wie es sinkt? Oder engagieren wir uns? Aber wie? Unter den zwei Prämissen, dass unsere Demokratie nur durch das Miteinander gerettet werden kann und auch politisch unerfahrene Bürger und Bürgerinnen in der Lage sind, gute Lösungen mitzuentwickeln, habe ich mich auf Spurensuche begeben und Menschen und Initiativen gefunden, die als Seenotretter für unsere Demokratie kämpfen. Ich habe auf meiner Reise gelernt, dass eine, nein viele freundliche Revolutionen im Gange sind, die es noch nicht in die Schlagzeilen der Medien geschafft haben. Überall in Europa gibt es Orte, an denen Politiker und Bürger wieder aufeinander zugehen anstatt sich gegenseitig zu bekämpfen.

Ich habe als Kind im Kleinen erlebt, was passiert, wenn Demokratie nicht gelingt. Heute weiß ich, dass es anders gegangen wäre. Dieses Buch soll Möglichkeiten einer neuen Kultur des Miteinander und der Beteiligung anbieten und ist gleichzeitig ein Stück weit eine Antwort auf die Frage nach dem Wie.

EIGENE IRRWEGE ERKENNEN

Von einem ereignisreichen Abend in New York, wie Ungleichheit und die Dynamiken sozialer Netzwerke unsere Demokratie gefährden und warum wir für die komplexen Probleme der Gegenwart neues politisches Handwerkszeug brauchen.

Am frühen Abend des 8. November 2016 stand ich auf der Lower West Side in der kalten Herbstluft New Yorks in einer langen Menschenschlange. Zusammen mit Hunderten Menschen aus dem ganzen Land wartete ich nicht etwa auf die Präsentation eines neuen iPhones oder eine Filmpremiere, sondern ich wollte dabei sein, wie Geschichte geschrieben wird. Erstmals sollte eine Frau zur Präsidentin der Vereinigten Staaten gewählt werden und ein langer, zermürbender Wahlkampf seinen erwarteten Abschluss finden. Um das *Javits Center*, ein gläsernes Konferenzgebäude mit mehreren Hallen und Tausenden Quadratmetern Veranstaltungsfläche, waren Sicherheitskordons mit Hunderten Polizeikräften positioniert, die jede Akkreditierung genau prüften. Mit Sand gefüllte Lastwägen der Stadtverwaltung blockierten bei laufenden Motoren die Zufahrten zum Kongressgebäude, um einen Terroranschlag, wie er Nizza im Sommer davor erschüttert hatte, unmöglich zu machen.

Dank der Einladung durch meinen Freund Robby Mook, Kampagnenleiter von *Hillary for America*, stand ich nun mit den Spitzen der

Demokratischen Partei, Wegbegleitern von Hillary Clinton, Spendern und Kampagnenleuten aus den gesamten USA in einer Warteschlange an, um bei der Feier des Jahres dabei zu sein. Der elegant gekleideten Dame Mitte 50, die neben mir wartete, würde nach dem Wahlsieg wohl eine besondere Rolle zukommen. Wie sich im Gespräch herausstellte, war sie die persönliche Inneneinrichtungsberaterin von Hillary Clinton und würde nun bald die Gelegenheit bekommen, einem ganz besonderen Haus in Washington eine persönliche Note zu verleihen. Details zur Farbwahl der Vorhänge oder Inneneinrichtung konnte ich nicht in Erfahrung bringen, denn es ging schon weiter durch die Metalldetektoren und den Sicherheitscheck. Ich verabschiedete mich und spazierte an einer Halle mit Hunderten akkreditierten Journalisten aus der ganzen Welt vorbei in den hell erleuchteten Glasbau.

Doch es kam anders, als wir alle zu Beginn dieses Abends gedacht hatten. Robby Mook, der zwei Jahre als Kampagnenleiter auf einen Wahlsieg hingearbeitet hatte, bekam ich genauso wenig zu Gesicht wie Hillary Clinton. Mit jeder Stunde verging den Besuchern im *Javits Center* die Feierlaune und allmählich machte sich Totengräberstimmung unter den geladenen Gästen breit. Um mich sah ich nur erstarrte, sprachlose Gesichter.

Spätestens nach den Ereignissen dieses Abends wurde vielen klar, dass wir die Art, wie wir unsere Demokratie leben und gestalten, grundlegend erneuern müssen, wenn wir wollen, dass sie im Zeitalter des Populismus überlebt. Mit Donald Trump wurde jemand gewählt, der eine Art Anti-Politik betreibt. Trump wurde durch die konstante Erniedrigung anderer, durch permanente Eskalationen und durch das Anstacheln von negativen Emotionen und Stimmungen unter Nutzung oft falscher Meldungen groß. Die Logik vieler Fernsehsender, die die permanente Grenzüberschreitung suchen, um Zuschauer zu halten, gab ihm eine freie Werbeplattform.

Im Hintergrund manipulierte die Trump-Kampagne auch gezielt und mit bisher nicht dagewesener Perfektion Wähler in den sozialen Netzwerken. Dennoch lief die Wahl wohl verfassungskonform ab und

Trump gewann die nötige Mehrheit der Wahlmänner für sich, wenn auch nicht die Mehrheit der insgesamt abgegebenen Stimmen. Das Problem an seinem Sieg ist nicht, dass jemand mit ideologischen Ansichten gewählt wurde, die wir vielleicht nicht teilen. Es geht vielmehr darum, dass über ein demokratisches Verfahren jemand an die Macht kommen konnte, der keinen Respekt vor demokratischen Institutionen und Spielregeln hat. Die Demokratie kann sich unter einer Diktatur der Mehrheit selbst abschaffen.

Dabei hatten einige schon vor der Wahl Trumps gewarnt, dass die wachsende Unzufriedenheit mit der Politik in der Bevölkerung und das Gefühl der Bürger, nicht repräsentiert zu sein, die Demokratie insgesamt gefährden würden. Martin Gilens von der Princeton University und Benjamin I. Page von der Northwestern University belegten 2014 in ihrer Studie zur US-amerikanischen Politik („Testing Theories of American Politics: Elites, Interest Groups, and Average Citizens"), dass dieses Gefühl auch der Realität entspricht und Eliten einen überproportional großen Einfluss auf konkrete Politikentscheidungen in den USA haben. Wenn die Interessen der Mittelschicht oder unteren Mittelschicht auf die von Wirtschaftseliten oder Interessengruppen treffen, zögen die Bürger meist den Kürzeren, zeigten die Forscher in ihrer Analyse.

Wachsende Ungleichheit gefährdet die Demokratie

Gilens und Page arbeiteten mit einem einzigartigen Datensatz an Ergebnissen nationaler Umfragedaten zu spezifischen Politikfragen, die für den durchschnittlichen US-Bürger relevant und verständlich waren und im Zeitraum zwischen 1981 und 2002 gesammelt wurden. Die Ergebnisse der jeweiligen Befragungen, die immer eine Ja-/Nein- oder Pro-/Contra-Antwort ergaben, verglichen sie mit den konkreten Politikentscheidungen des Weißen Hauses oder des Kongresses zum jeweiligen Thema. Die Meinung der kleinen, wohlhabenden Schicht Amerikas, die man aus den Umfragedaten filtern konnte, deckte sich meist mit den endgültigen politischen Entscheidungen.

Am Ende ihrer Studie, die in einem renommierten Fachjournal der *American Political Science Association* („Amerikanische Gesellschaft für Politikwissenschaft") publiziert wurde, bekräftigten die beiden Wissenschaftler, dass Politikentscheidungen von mächtigen Wirtschaftsorganisationen und einer kleinen Gruppe Wohlhabender dominiert würden. Der Anspruch der USA, eine Demokratie zu sein, ist ihrer Meinung nach in Gefahr, auch wenn nach außen hin regelmäßige Wahlen, das Recht auf freie Meinungsäußerung und Versammlungsfreiheit sowie ein relativ breites Stimmrecht den Anschein erwecken, das sei nicht der Fall.

Parallel dazu konnte man in den USA seit den 1970er-Jahren neben der wachsenden politischen Ungleichheit eine real ansteigende Ungleichheit bei den Einkommen nachweisen. Der französische Ökonom Thomas Piketty und sein Kollege Emmanuel Saez belegten unter anderem in einer 2014 im Wissenschaftsmagazin *Science* erschienenen Studie, dass der Abstand zwischen den Top 10 Prozent der Einkommensbezieher und dem Rest immer größer wurde. In den USA war seit den 1970er-Jahren der Anteil, den diese Elite am gesamten nationalen Lohnkuchen hatte, von knapp 35 auf fast 50 Prozent angestiegen. Die Reichen verdienten mehr, die Einkommen der Mittelschicht und der Armen stagnierten oder sanken. Diese Einkommensungleichheit ist gepaart mit einer wachsenden Ungleichheit bei den Vermögen. Piketty schätzt, dass die reichsten 10 Prozent unter den Amerikanern 70 Prozent des Gesamtvermögens im Land besitzen.

Der Nobelpreisträger Robert J. Shiller, der als Berater von Banken und Finanzkonzernen und überzeugter Anhänger der Globalisierung nicht im Verdacht steht, ein Linker zu sein, warnte schon 2013 vor der Zersetzung der Gesellschaft. Durch die wachsende Ungleichheit zerfalle diese immer stärker in eine „kosmopolitische Klasse" und eine „lokale Klasse". Die eine ist weltgewandt und vermögend, bestens gebildet und bestens bezahlt, während die Mitglieder der Unter- und Mittelschicht real kaum mehr verdienen als vor zwanzig Jahren und froh sind, wenn sie ihren Job nicht verlieren.

Auch wenn die Situation in Europa nicht gänzlich mit der in den USA vergleichbar ist, sollte uns dennoch klar sein, dass wachsende Ungleichheit und die fehlende Berücksichtigung der Anliegen breiter Bevölkerungsschichten am Ende den Glauben an die Demokratie als beste aller Regierungsformen zerstören. Das Erstarken autoritärer Regime in Osteuropa, der Brexit und die Erfolge rechter und linker Extremisten überall auf unserem Kontinent sollten uns auf jeden Fall zu denken geben.

Es mag nicht rational, sondern sogar kontraproduktiv für ihre eigenen Interessen und langfristig zerstörerisch für alle sein, wenn Bürger in dieser Lage Populisten wählen. Auch wenn ich sie nicht gutheiße, kann ich diese Entscheidungen zumindest nachvollziehen. Ich weiß, dass AfD- oder Le-Pen-Wähler überwiegend keine hasserfüllten Menschen sind, die Böses wollen, wie mancher abgeklärte Kommentator es gerne darstellt. Natürlich ist es am einfachsten, wenn wir diesen Wählern absprechen, auf Basis von Werten und ernstgemeinten Anliegen zu entscheiden. Aber damit werden wir auch nie verstehen, welche tieferen Gründe hinter den Wahlentscheidungen der Menschen stehen.

Nicht alle diese Gründe sind legitim und nicht alle Sorgen sind gleichermaßen berechtigt, aber eines ist klar: Derzeit sind die Populisten Europas oft die Einzigen, die das innere Gefühl der Verunsicherung der Menschen ansprechen und bestätigen. Sie sagen klar, dass etwas falsch läuft, auch wenn ihre Schlüsse falsch sind und sie am Ende nichts anzubieten haben, außer den Zustand der permanenten Unsicherheit und Angst aufrechtzuerhalten.

Wir können jetzt fortfahren und weiter bejammern, wie unreif Menschen sind, die diesen Argumenten Glauben schenken, während ihre Zahl immer größer wird. Alternativ können wir karitativ, herablassend fordern, dass wir diese Menschen wieder erreichen müssen und zu ihnen gehen sollen, ohne es wirklich zu meinen, weil wir insgeheim die Brutwärme schicker Cafés mit Baristas und WLAN nicht verlassen wollen oder weil wir vielleicht auch ein Stück weit Verachtung verspüren gegen die großen Flatscreens an der Wand, die Tiefkühlpizza und den Trainingsanzug in den Vorstädten – so stellt sich mancher die Welt dieser Wähler nämlich vor. Sind wir ehrlich bereit, einmal ein offenes und ehrliches Gespräch zu führen, dem anderen zuzuhören und auf seine Argumente, auch wenn sie vielleicht nicht immer politisch korrekt sind, einzugehen? Sind wir bereit, auf Augenhöhe und nicht aus Überlegenheit heraus in einen Dialog zu treten und im Notfall auch kultiviert zu streiten?

Die Erklärungsversuche der Krise unserer Demokratie füllen schon ganze Regalwände in den Buchhandlungen, aber können sie auch als Weckruf dienen? Ein Weckruf, der uns dazu anspornt, die Art und Weise, wie wir unser demokratisches Zusammenleben organisieren, grundlegend zu erneuern, um Menschen wieder reale Teilhabe zu ermöglichen? Lange Zeit waren Demokratie und Politik Thema für Sonntagsreden. Es war langweilig, sich damit zu beschäftigen, und schwer zu verstehen, warum wir etwas an einem System ändern sollten, das nach außen hin den Anschein machte, gut zu funktionieren. Wir hatten ein angenehmes Leben und überließen das Entscheiden den Profis, die dafür gewählt wurden und über die man sich immer und überall unhinterfragt beschweren konnte, genauso wie über das Wetter. Es geriet in Vergessenheit, dass die Institutionen unseres Rechtsstaats und unsere Bürgerrechte das Ergebnis eines jahrhundertelangen Kampfes um mehr Mitbestimmung und Gleichberechtigung auf unserem Kontinent sind.

➔ Demokratie war immer im Werden und viele Freiheiten, die uns heute als selbstverständlich erscheinen, wurden vor gar nicht allzu langer Zeit errungen.

Der Kampf um Mitbestimmung

Unsere westliche Demokratie wurde ursprünglich als Elitenprojekt aufgesetzt und man misstraute den „unberechenbaren Massen“ über lange Zeit. Über Einschränkungen des Wahlrechts konnten lediglich wohlhabende weiße Männer mitentscheiden. Das war in vielen Staaten Europas, in denen man nach den Napoleonischen Kriegen allmählich das auf eine kleine Gruppe beschränkte Wahlrecht einführte, ebenso der Fall wie in den USA, die sich Ende des 18. Jahrhunderts ihre Unabhängigkeit von der britischen Krone erkämpften. Die Demokratiegeschichte ist deshalb auch ein Aufbegehren der Ausgegrenzten gegen eine mächtige, kleine Elite gewesen, die mit der Zeit und auch als Folge von Wirtschaftskrisen und Weltkriegen ein Stück ihrer Macht aufgeben mussten. Nehmen wir das Beispiel des Frauenwahlrechts, das die damals gerade gegründete Österreichische Republik 1918 als eines der ersten Länder in Kontinentaleuropa einführte. In Frankreich wurde dieses für uns heute selbstverständliche Recht erst nach dem Zweiten Weltkrieg gesetzlich verankert und im Musterland der „direkten Demokratie“, der Schweiz, mussten Frauen bis 1971 warten, um bei Parlamentswahlen ihre Stimme abgeben zu dürfen.

Es ist an der Zeit, diesen Kampf für eine lebendige Demokratie wiederaufzunehmen. Anders als in der Vergangenheit geht es in den reifen Demokratien Europas nicht um die Ausweitung des Wahlrechts oder unserer Grundrechte, sondern um das Eintreten für eine neue Kultur der Beteiligung und der verantwortungsbewussten Bürgerlichkeit. Dabei müssen wir zuerst den Glauben an die Gestaltungsmacht der Politik und unsere eigene Verantwortung in ihr zurückgewinnen. Wie oft haben wir über Jahre das Mantra nach der Unfähigkeit der Politiker nachgebetet, anstatt uns selbst zu engagieren? Wie oft haben wir uns den Satz „Auf mich kommt es nicht an“ vorgesagt? Wie oft haben wir uns gedacht: „Ich kann ja keinen Unterschied machen.“? Aber genau an dieser Haltung droht unsere Gesellschaft zu zerbrechen.

➔ Jeder und jede von uns kann und muss einen Beitrag leisten, denn es gibt kein Dauerabonnement auf Demokratie.

Wir sind zu lange der Überzeugung nachgehangen, dass die Märkte für Wohlstand und Sicherheit sorgen können. Dieses Weltbild, das auf einem rational, nach Eigeninteressen handelnden „Homo Oeconomicus“ aufbaut, kristallisierte sich im Credo Margaret Thatchers: „There is no alternative.“ Damit meinte die 2013 verstorbene ehemalige britische Premierministerin, dass es keine Alternative zum Gesellschaftsmodell des freien, allumfassenden Marktes und der Selbstentfaltung im immerwährenden Konsum gäbe. Wir haben durch die Dominanz dieses Denkens nicht nur verlernt, unser gängiges Gesellschaftsmodell zu hinterfragen, sondern auch die Politik entpolitisiert und damit die Menschen entmutigt, ihre Zukunft zu gestalten. Der Markt wird alles lösen, oder wie wir nun oft aus dem Silicon Valley hören: Die digitale Revolution wird alle Probleme beseitigen.

➔ Demokratie kann nur funktionieren, wenn wir Menschen spüren, dass Probleme auf politischem Wege gelöst werden können. Wenn wir daran zweifeln, wird sie zur leeren Worthülse.

Die Politik muss der Bürgerschaft die Möglichkeit zugestehen, abseits von Wahlen und Abstimmungen Zukunftslösungen mitzugestalten und anerkennen, dass diese Lösungen dadurch auch tragfähiger und nachhaltiger werden. Wir Bürger müssen wiederum einsehen, dass Beteiligung nicht heißt, dass automatisch unser Wille geschieht, sondern die Kunst der Kompromissfindung Zeit braucht.

Die Qualität des guten Dialogs — das einander Zuhören und das aufeinander Zugehen — und das Vertrauen darauf, dass ein guter Weg erst entsteht, wenn wir ihn gemeinsam gehen, auch wenn wir damit anfänglich langsamer sind, stehen am Beginn des Wandels hin zu einer qualitätsvollen Beteiligungskultur. Dieser Wandel hat längst begonnen und die freundliche Revolution schreitet dort voran, wo Bürgerschaft und Politik gemeinsam bessere Lösungen suchen.

Die digitale Herausforderung

Das Abkapseln von der jeweils anderen Seite des Meinungsspektrums wird uns nicht weiterbringen. Dass die virtuellen Netzwerke unsere gesellschaftlichen Abschottungstendenzen durch ihre inneren Steuerungsmechanismen noch befördern, ist fatal. „Ändert sich das Medium, ändert sich auch die Gesellschaft“, hat der Philosoph und Kulturhistoriker Walter Benjamin (1892–1940) einmal gesagt. Gerade erleben wir die brutale Realität hinter diesem einfachen Satz. Vor mehr als 500 Jahren war es die Erfindung des Buchdrucks, die enorme, gesellschaftliche Umwälzungen auslöste. Diese technische Innovation brachte die Vorherrschaft der katholischen Kirche ins Wanken und befeuerte Religionskriege, genauso wie sie den Zugang zu Bildung und Wissen enorm verbreiterte und damit die Grundlage für die Aufklärung schuf.

Digitalisierung und das Internet wurden anfänglich auch als Aufbruch in eine neue Epoche der Aufklärung interpretiert. Allein der Zugang zu mehr und jederzeit verfügbarem und indexiertem Wissen würde die Menschheit vor Radikalisierung und Ideologien schützen, so die Annahme. Aber diktatorische Regime wie der Iran, Ägypten oder China begannen bald darauf, die Werkzeuge der Digitalisierung gezielt zur Manipulation und Überwachung ihrer Bürger einzusetzen. Wir brauchen jedoch heute gar nicht dorthin zu blicken, um zu erkennen, dass die digitale Vernetzung nicht automatisch zu mehr Kooperation und Wissensaustausch führt. Hass im Netz, Cybermobbing und Echokammern sind der Beweis dafür. In Europa haben wir uns freiwillig digitalen Plattformen ausgeliefert, die in der Art, wie sie funktionieren, unsere Demokratie und den sozialen Zusammenhalt gefährden. Auf der einen Ebene fördern die Algorithmen der sozialen Medien, also die mathematische Logik, nach der Nachrichten jeglicher Art geteilt und hervorgehoben werden, ganz gezielt die Bildung von Echokammern. Das Kalkül dahinter ist einfach, denn die Plattformen finanzieren sich durch Werbeeinnahmen und wollen Nutzer so lange wie möglich halten und idealerweise dazu bringen, viel Werbung zu konsumieren. Dabei geht es für die Konzerne um viel Geld und alleine Facebook und Alphabet, das Mutterschiff von Google und YouTube, kontrollieren mehr als die Hälfte des digitalen Werbebudgets der Welt, wie eine Studie der *GroupM* herausfand.

Der Mensch hat die Tendenz, sich grundsätzlich lieber mit Meinungen auseinanderzusetzen, die sein eigenes Weltbild bestätigen, als mit jenen, die es infrage stellen. 1,7 Milliarden Menschen besuchen zum Beispiel täglich Facebook. Um zu erreichen, dass sie immer wiederkommen, füttert die Plattform sie mit Inhalten, die sie gerne sehen und dann mit anderen teilen. Wir bleiben dabei unter Gleichgesinnten und wenn wir in den digitalen Raum hineinrufen, bekommen wir unser Echo in Form von ähnlichen Meinungen und Ansichten zurückgespielt. Dabei können sich gewisse Segmente auch radikalisieren, ganz egal zu welcher weltanschaulichen Richtung sie gehören.

➔ Wir befinden uns im permanenten digitalen Selbstbestätigungsmodus und der für ein umfassenderes Weltbild notwendige Widerspruch kommt uns abhanden.

Wenn wir vorwiegend in digitalen Räumen kommunizieren, die unsere eigenen Sichtweisen bestätigen oder verstärken, fällt es uns schwerer, Kompromisse einzugehen und anderen Haltungen Gehör zu schenken. Wir bauen ein digitales Gefängnis für unsere Gedanken und Meinungen und merken nicht, dass wir verlernen, miteinander in Dialog zu treten. Die gesellschaftliche Segregation wird digital verstärkt und unserem Diskurs kommt die Vielfalt abhanden, die er braucht, um zu guten Entscheidungen zu kommen.

Facebook und Konsorten haben die Fähigkeit, unsere Aufmerksamkeit zu bannen wie kein anderes Medium, verfügen aber bewusst über wenige Mechanismen, um Lüge von Wahrheit zu trennen. Was zählt, ist alleine die Währung Aufmerksamkeit.

Am Meinungskrieg beteiligen sich mittlerweile nicht nur Randgruppen und Extremisten. Auch Staaten machen sich die neuen Möglichkeiten, mit Falschnachrichten im Netz psychologische Kriegsführung zu betreiben, zunutze. Es ist ein Krieg ohne Kampf. Ob es Falschmeldungen über nie stattgefundene Vergewaltigungen durch deutsche Soldaten in Litauen sind, die im Zuge einer NATO-Mission dort stationiert waren, oder die Verbreitung einer manipulierten Meldung auf der gehackten Regierungsseite des Golfstaates Katar – beides Ereignisse des Jahres 2017: Die Drahtzieher zielen immer darauf ab, die Souveränität, Legitimität oder Funktionalität ihres Gegners zu schwächen. Wir müssen im digitalen Zeitalter aber auch zur Kenntnis nehmen, dass fremde Mächte aus der Ferne auf demokratische Wahlen Einfluss nehmen können. So hat Facebook zum Beispiel selbst zugegeben, dass in Russland generierte Inhalte und aus Russland bezahlte Anzeigen während der US-Präsidentenwahl 2016 über 126 Millionen US-Amerikaner und damit 40 Prozent der Wähler erreicht haben.

➔ Während „Fake News" und „Echokammern" als Begriffe mittlerweile in unseren Sprachgebrauch Eingang gefunden haben, fehlen uns die Strategien, wie wir ihrem gezielten Einsatz zur Manipulation Einhalt gebieten können.

Dabei geht die Entwicklung aber weiter und wir sind heute mit ganz neuen Methoden konfrontiert, die Menschen aufgrund ihres Verhaltens im Netz präzise einordnen können und darauf aufbauend gezielt mit individualisierten Botschaften bespielen. Wie der Schweizer Journalist Hannes Grassegger und sein Kollege Mikael Krogerus im Dezember 2016 aufdeckten, wurden diese Methoden erstmals von der Pro-Brexit-Kampagnenorganisation *Vote Leave* vor der Volksabstimmung über die EU-Mitgliedschaft des UK im Juni 2016 und danach von Donald Trump eingesetzt.

Die Technologie der Firma *Cambridge Analytica* legt zuerst auf Basis von unterschiedlichsten Quellen sehr verlässliche, aussagekräftige Persönlichkeitsprofile von Bürgern an — in den USA alleine von 220 Millionen Menschen — und beschickte diese über Facebook dann mit individualisierten Botschaften, auf die ihr Persönlichkeitstypus am ehesten ansprechen würde. Die Trump-Kampagne konnte so 50.000 bis 60.000 leicht unterschiedliche, auf das jeweilige Persönlichkeitsprofil ausgerichtete Werbeeinschaltungen pro Tag an die Nutzer senden. Wie das funktioniert, erklärte der englische Direktor von *Cambridge Analytica*, Alexander Nix, in einem Vortrag im September 2016 in New York anhand des in den USA umstrittenen Themas Waffenbesitz. Eine Person, deren Persönlichkeitsprofil einen Hang zu Ängstlichkeit und Unsicherheit aufwies, bekam zum Beispiel ein Bild eines Wohnungseinbruchs in die Nachrichtenleiste gestellt und eine Botschaft dazu, die das Recht auf Waffenbesitz als „Versicherungsschutz“ darstellte. Jemand mit einer traditionellen, bewahrenden Weltsicht erhielt hingegen ein romantisiertes Bild eines Vaters mit seinem Sohn beim Jagen.

Nun ist die Psychometrie, der Versuch, die Persönlichkeit des Menschen zu vermessen, nichts Neues. Doch erstmals konnten durch das gezielte Zusammenführen aller digitalen Spuren, die Menschen im Netz hinterlassen, verlässliche Psychogramme von Millionen Individuen erstellt werden. Nicht nur Republikaner wurden so Ziel der Kampagne, auch eher den Demokraten zugeneigte Afroamerikaner bekamen in wahlentscheidenden Bezirken individualisierte Botschaften mit negativen Statements, die viele davon abhielten, zur Wahl zu gehen. Solche Methoden vergrößern nicht nur die Kluft zwischen den politischen Lagern, sondern öffnen Möglichkeiten der Manipulation und Beeinflussung abseits jeglicher Kontrolle. Für eine faire und gerechte Wahlauseinandersetzung, die Grundlage unserer repräsentativen Demokratie ist, können sie den Todesstoß bedeuten. Es ist nebensächlich, dass sich bis dato nur das konservative Lager dieser Methoden bedient hat. Extremisten und Propagandisten, ganz egal auf welcher Seite des Spektrums, werden diese Methoden nutzen, wenn dem nicht durch Regulative Einhalt geboten wird. Es braucht dafür unter anderem eine eindeutige Kennzeichnung von jeglicher politischen Werbung auf sozialen Medien und ein Verbot des Sammelns von persönlichen Daten ohne die Zustimmung der Nutzer.

Vertrauensverlust in Institutionen

Bei all diesen Entwicklungen ist die repräsentative Demokratie nicht mehr konkurrenzlos, wenn es darum geht, welches Modell weltweit als Vorbild für Regierungsführung dienen soll. Immer öfter hört man in Gesprächen in und außerhalb Europas von den Vorteilen gelenkter Regime. Zum Beispiel wird die gelenkte Demokratie Singapurs aufgrund ihrer effizienten Verwaltung und wirtschaftlichen und sozialen Stabilität als beispielgebend erwähnt.

Das Vertrauen in die Demokratie als die beste Regierungsform schwindet auch in Österreich. In einer Umfrage des *SORA Institute* 2017 beantworteten 78 Prozent der Befragten die Frage „Ist Demokratie die beste Regierungsform?“ positiv, zehn Jahre davor waren es noch 86 Prozent. Parallel dazu weisen auch globale Erhebungen, wie der *Edelman Trust Barometer*, ein sinkendes Vertrauen in Regierungen und deren Vertreter besonders in westlichen Demokratien aus. Dieser Vertrauensverlust betrifft aber längst nicht nur die Politik. So misstrauen in Deutschland, Frankreich und England mehr als 60 Prozent der Gesamtbevölkerung den Institutionen der Wirtschaft, der Politik, der Medien und sogar jenen der Zivilgesellschaft.

Ist das verwunderlich? Die deutsche Autoindustrie wird nach dem Dieselskandal, einem massiven Betrug an den Kunden, zu einem lächerlichen Softwareupdate verpflichtet und weiter nichts. Wie würde es einem Fleischer ergehen, der seine Kalbswürste mit Gammelfleisch füllt, oder einem Bäcker, der sein Brot mit Sägemehl versetzt? Die Finanzkrise in Europa wird mit der Rettung von insolventen Banken und kosmetischen Eingriffen in die Gesetzgebung für „beendet“ erklärt, auch wenn uns die Staatsschulden, die daraus zusätzlich entstanden sind, über Generationen hinweg belasten werden. Wie ergeht es einem Arbeiter, der seinen Wohnungskredit nicht mehr bezahlen kann oder die Zinsen für seinen Konsumkredit? Als Bürger brauche ich kein Hochschulstudium, um zu erkennen, dass hier etwas falsch läuft.

Die Politik erweckt damit den Eindruck, Probleme nicht mehr lösen zu können. Das hängt auch mit den wirtschaftlichen und sozialen Entwicklungen seit den 1970er-Jahren zusammen. Seit dieser Zeit erleben wir eine Verlagerung der realwirtschaftlichen Aktivitäten hin zur Finanzspekulation. Eine dadurch steigende Einkommens- und Vermögensungleichheit lässt die Mittelschicht in Europa erodieren. Sie aber ist der Garant stabiler gesellschaftlicher Verhältnisse. Die Enthüllungen der sogenannten „Paradise Papers“ über die Steuertricks der Reichen haben bei vielen den Eindruck verstärkt, dass die Eliten nichts von der Idee einer solidarischen Gesellschaft halten.

Von Politik- und Bürgerverdrossenheit

Die Politik kämpft dabei nicht nur mit gesellschaftlichen Problemen, sondern auch mit Problemen im Inneren. Macht isoliert und schottet immer zu einem gewissen Teil ab, im Extremen verliert sie den Bezug zur Lebensrealität und die Empathiefähigkeit. Die fehlende Durchlässigkeit der politischen Machtstrukturen wird dadurch verstärkt, dass heute die Mehrheit der Verantwortungsträger, seien es Minister, Landesräte oder Abgeordnete, fast immer Berufspolitiker sind und wenige Ankerpunkte außerhalb des Systems haben. Als Politiker lernt man Bürger dann entweder nur noch als Bittsteller mit einer Forderung oder im Netz als „Wutbürger“ kennen, aber nicht als kompetente Mitmenschen. Schwache Parlamente lassen sich Gesetze von einer immer dominanteren Exekutive zur Entscheidung vorlegen, anstatt selbst Initiative zu ergreifen. Gleichzeitig wundern sich jene engagierten und verantwortungsvollen Politiker zu Recht, wenn gute Arbeit nicht honoriert wird und pauschal eine gesamte Klasse mit Verachtung vorverurteilt wird. Die jährlich wiederkehrenden Diskussionen um die scheinbar zu hohen Politikergehälter tragen außerdem dazu bei, dass auch in der Politik eine „Bürgerverdrossenheit“ zu verspüren ist.

Dieses Gefühl ist jedoch teilweise auch berechtigt. Zu oft erlebt man, wie Bürger ihr egoistisches Eigeninteresse über das öffentliche stellen. Schnell ist eine Initiative gegründet, um gegen dieses oder jenes Bauvorhaben zu mobilisieren, auch wenn dieses dem Gemeinwohl dienen sollte. Auf Englisch werden diese militanten Verhinderer „Nimbys“ genannt, nach den ersten Buchstaben von „Not in my backyard!“. („Nicht in meinem Hinterhof!“)

Die Menschen sind es gewohnt, in der „Alles-und-sofort"-Konsumkultur ihre Wünsche schnell befriedigen zu können und verzweifeln oft an der Langsamkeit von politischen Entscheidungsprozessen, weil ihnen das nötige Verständnis für die Notwendigkeit der Abwägung und Kompromissfindung fehlt, die unsere Demokratie auszeichnet. Die Apathie, die sich über Jahrzehnte durch eine sinkende Wahlbeteiligung manifestiert, ist ebenso wenig gerechtfertigt wie das Ignorieren legitimer Bürgeranliegen durch die Politik. Bürgerschaft und Politik scheinen sich also auseinandergelebt zu haben und Misstrauen prägt ihr Verhältnis.

Verantwortung für unseren Planeten Erde übernehmen

Dabei brauchen besonders Zeiten der Veränderung Handlungsfähigkeit und Vertrauen ineinander, denn die Probleme, die unsere Gesellschaften zu bewältigen haben, sind enorm. Zu oft blenden wir sie aus, denn wir haben uns gut eingerichtet in unserer marktkonformen Gesellschaft, die über Jahrzehnte versprochen hat, dass es jeder nächsten Generation materiell besser gehen wird. Wir spüren nun, dass diese Erzählung nicht mehr trägt und sich auch das über 12.000 Jahre dauernde Erdzeitalter Holozän überholt hat. Das Ende dieses Erdzeitalters, das unserem Planeten über lange Perioden stabile ökologische und klimatische Bedingungen beschert hat, ist ganz unaufgeregt eingeläutet worden. Die Wissenschaftler der *Internationalen Stratigrafischen Gesellschaft* haben entschieden, dass genügend Evidenz vorliegt, um ein neues Erdzeitalter mit dem Namen Anthropozän auszurufen. In ihm ist der Mensch der bestimmende Faktor im Ökosystem. Jetzt müssen die Wissenschaftler nur noch festlegen, welche Marker in den Sedimentschichten des Planeten den offiziellen Beginn am besten darstellen. An Auswahl mangle es nicht, so die Geologen: Sie reicht von radioaktiven Sedimenten, die wir den ersten Atomtests der 1950er-Jahre verdanken, bis zum massiven Auftauchen von Hühnerknochen – dem Totemtier der Massentierhaltung schlechthin – auf den Mülldeponien unseres Planeten. Irgendwo in den Dekaden der Babyboomer der 1950er- und 1960er-Jahre wird er aber liegen, der offizielle Beginn unserer planetarischen Allmacht.

Wie kann eine Gesellschaft aussehen, die dem Globus wieder Respekt und Würde verleiht und unsere planetarischen Grenzen respektiert? Wie gelingt der Kulturwandel hin zu einem „Planetary Stewardship“, also einer Haltung von globaler Verantwortung und Fürsorge, wenn der Konflikt mit den Naturgewalten und Mangelsituationen, denen der Mensch über Jahrtausende ausgeliefert war, so tief in unserem Unterbewusstsein verankert scheint? Kein anderer als das Oberhaupt der katholischen Kirche, Papst Franziskus, stellt diese Frage in seiner 2015 veröffentlichten Enzyklika *Laudato si*. Es mag ironisch sein, dass der höchste Vertreter einer Institution, die über Jahrhunderte hinweg nicht gerade ein Treiber von Aufklärung und Wissenschaft war, nun auf Basis fundierter wissenschaftlicher Erkenntnisse als Mahner für Umwelt und Klimaschutz auftritt. Doch das macht seine Fragen nicht minder relevant.

Konfliktlinien brechen auf

Über diese Fragen nachzudenken, ist in Zeiten wie diesen mehr als dringlich, denn große Konfliktlinien brechen gerade auf: zwischen Generationen, zwischen Nationalstaaten und zwischen den Menschen in erfolgreichen Technologiezentren und Menschen an der Peripherie – um nur einige zu nennen. Das bringt eine supranationale Institution wie die Europäische Union in Bedrängnis. Dennoch ist die EU wohl das erfolgreichste Beispiel von Kooperation und Konfliktlösung beziehungsweise -vermeidung. Ihre größte Leistung ist es, Institutionen geschaffen zu haben, in denen man „gemeinsam handelt“. Doch in den jetzigen Krisenzeiten kann sich offenbar niemand in Europa wirklich vorstellen, über das eigene Heimatland hinaus solidarisch zu sein.

Eine kleine Minderheit fordert eine Europäische Republik und damit die Aufgabe der Nationalstaaten. Die Desillusionierten hingegen wollen eine Reduktion der Verantwortung der Union auf den Binnenmarkt und den gemeinsamen Schutz der Außengrenzen. Sie sind bereit, dafür eine Grundfreiheit Europas, die Personenfreizügigkeit, zu opfern. Doch in ein Konglomerat, das auf Grenzschutz und Binnenmarkt reduziert ist, werden sich die Bürger auch nicht verlieben.

Besonders deutlich haben uns die Flüchtlinge, die 2015 und 2016 in Europa ankamen, die Bruchlinien der Union aufgezeigt. Ihr Schicksal stellt uns vor die Frage, wer wir überhaupt sind und welche Werte wir vertreten. Was heißt es, Europäer zu sein, was erwarten wir von Neuankömmlingen, wofür stehen wir selbst? Flüchtende fordern von uns Antworten auf diese Fragen. Ohne zivilisiert ausgetragene Konflikte wird es nicht gehen. Wir werden nicht fähig sein, ein friedliches Zusammenleben mit Menschen aus fremden Kulturen zustande zu bringen, wenn wir selbst nicht wissen, wohin wir wollen.

Der Evolutionsbiologe Martin Nowak hat belegt, dass Systeme, die auf Kooperation aufbauen, langfristig überlebensfähiger sind. Die ersten zivilisatorischen Errungenschaften erlebten sie durch eine Höchstform der Kooperation mit Natur und Tier im Übergang zur Sesshaftigkeit und später im Kollektiv in der Gründung von Städten.

➔ Probleme wie der Klimawandel und die Migration fordern unsere Problemlösungskompetenz. Zentralisierte, hierarchische Wege der Entscheidungsfindung sind mit zunehmender Komplexität der Herausforderungen fehleranfälliger als inklusive Prozesse, die auf Zusammenarbeit und die Einbeziehung unterschiedlicher Perspektiven setzen.

Die Demokratie als hohe Schule der Kooperation und Friedenswerkzeug ist in die Jahre gekommen – aber was wäre, wenn wir sie in einer freundlichen Revolution neu entdecken? Doch welche Strukturen sind überhaupt dafür geeignet? Wie und wo erlernen wir das Kooperieren im komplexen Umfeld? Wie können wir im Zeitalter der Skepsis

Vertrauen zwischen Bürgern, demokratischen Institutionen und der Politik wiederherstellen? Wie die kollektive Intelligenz einer Gesellschaft erfolgreich nutzen? Diese Fragen werden in beispielgebenden Geschichten über freundliche Revolutionäre aus ganz Europa in den kommenden Kapiteln beantwortet.

Die freundliche Revolution

Wir würden uns ja gerne engagieren, aber wie? Fahnenschwenkend am Hauptplatz stehen und für Europa singen wird die Feinde der Demokratie nicht beeindrucken, das wissen wir. Zu lange haben wir Bürger Europas dabei zugeschaut, wie Politik ohne uns gemacht wurde. Es lief ja auch alles so, als würde es immer so weitergehen. Nach dem Fall der Berliner Mauer und des Eisernen Vorhangs verkündete der US-Politologe und Historiker Francis Fukuyama „das Ende der Geschichte". Laut seiner Einschätzung hatte das liberale Weltbild des Westens endgültig gesiegt. Heute fühlen wir uns von der Masse an Problemen überwältigt und die Demokratie westlichen Zuschnitts ist im Rückzug begriffen. Doch die Angst, die sich dabei in uns ausbreitet, macht sprichwörtlich dumm, sie lähmt uns und verleitet uns, wie wir aus der Geschichte wissen, im schlimmsten Fall zu extremer Intoleranz anderen gegenüber. Während wir gespannt auf die politischen Brandherde blicken, die da und dort auflodern, gibt es auch eine andere Realität in Europa, der wir zu wenig Beachtung schenken.

➔ Viele freundliche Revolutionen greifen um sich und stellen das Gemeinsame über das Trennende, den Kompromiss über den Konflikt. Diese Revolutionen streben ein neues Verhältnis zwischen Politik und Bürgerschaft an.

Diese Veränderungswelle setzt auf Zusammenarbeit auf Augenhöhe. Sie lebt von Politikern, die offen sind, ein Stück ihrer Macht zu teilen, und Bürgern und Bürgerinnen, die bereit sind, mehr Verantwortung in ihrer Gesellschaft zu übernehmen. Die freundliche Revolution bedeutet Beteiligung und bürgerliches Engagement, um der sozialen Entfremdung, die digitale Netzwerke noch verstärken, entgegenzuwirken. Bei komplexen Problemstellungen, wie dem Klimawandel und der ökologischen Krise, bindet sie das Wissen der vielen ein und verbessert unsere Art der Informationsbeschaffung sowie die Fähigkeit zur effektiven Problemlösung. Dort wo durch sie Bürgerschaft und Politik gemeinsam an Lösungen arbeiten, steigt die Akzeptanz ebendieser und die Wertschätzung füreinander. Das Gefühl von Selbstwirksamkeit und Autonomie wird gestärkt.

Die Menschen, die mit einer festen Überzeugung und frischen Ideen freundliche Revolutionen vorantreiben und eine neue Form der Demokratie vorleben, machen Mut. Diese Pioniere aus ganz Europa – von einer spanischen Bürgermeisterin bis zu einer Vorarlberger Kindergartenpädagogin – leben vor, wie wir gemeinsam im Zeitalter von Komplexität und Unsicherheit unsere Demokratie retten können. Ihre Beispiele zeigen, dass es für die Beteiligung zu einem großen Teil auch auf die innere Haltung ankommt und wir eine neue Führungskultur brauchen.

➔ Politiker müssen erkennen, dass ihr Bild der Zukunft, ihre Sicht, wie etwas zu geschehen hat, nicht die einzig richtige sein muss. Mit der alten Schule des Top-Down-Managements und der Einstellung „Ich weiß alles und zeige euch, wo es langgeht" kommt niemand mehr weiter.

Sinnvolle Kooperationen und eine Beteiligungskultur entstehen gerade dort, wo es eine Offenheit gibt, die zulässt, dass alle sich mit ihren Ideen einbringen können und die Lösungen, die entstehen, am Ende nicht unbedingt diejenigen sind, die man selbst im Kopf hatte. Dabei geht es gar nicht immer gleich darum, alle Bürger sofort zu erreichen, sondern zuerst einmal jene in unserer Gesellschaft zu stärken und zu vernetzen, die sich schon erfolgreich für das Gemeinwohl engagieren und damit unsere Gesellschaft im Inneren stärken.

Aber Vorsicht! Echte Beteiligung ist kein Allheilmittel und immer nur Mittel zum Zweck; wenn der Zweck Manipulation heißt, wird Beteiligung zur Falle und zur Farce.

➔ Als Instrument des Akzeptanzmanagements, um Protesten den Wind aus den Segeln zu nehmen oder als Durchsetzungsstrategie von Großbau- und Infrastrukturprojekten, bekommt Beteiligung einen schlechten Ruf.

Grundvoraussetzung für gelungene Beteiligung ist Klarheit über die Machtverhältnisse. Die Politik muss sich deklarieren, wieweit sie bereit ist, Entscheidungsspielräume aufzumachen und wo sie die Grenze sieht, denn man kann den Leuten nur für kurze Zeit vorgaukeln, dass man im gleichen Boot sitzt, wenn man in Wirklichkeit versteckte eigene Interessen vorantreibt.

VERTRAUEN

Wie ein Vorarlberger Bürgermeister gemeinsam mit seinem Dorf einen berüchtigten Mitstreiter Jörg Haiders besiegt, ein Beamter der Vorarlberger Landesregierung beginnt, den Bürgern zu vertrauen, und ein Kindergarten das Einmaleins der Beteiligung lernt.

Meine Reise beginnt im Juni 2016 im westlichsten Bundesland Österreichs, in Mäder, einer kaum 4000 Seelen zählenden Gemeinde am vorarlbergischen Rheinufer. Das Dorf quälten noch bis ins 19. Jahrhundert heftige Überschwemmungen, die Straßen und Häuser immer wieder verwüsteten, kaum dass sie trockengelegt waren. Männer des Dorfes leisteten jährlich 100 Tage Frondienst am Ufer und bauten Barrieren, in die der gierige Fluss immer wieder seine Zähne schlug. Dem Ortsvorsteher Josef Ender blieb keine Wahl, er musste sich 1824 auf den Weg nach Wien machen und den Kaiser um Hilfe bitten, wenn er nicht wollte, dass sein Heimatdorf den Fischen überlassen bliebe. Der Kaiser erbarmte sich und fortan übernahm der Staat die Kosten für den Hochwasserschutz. Die unmittelbare Not war damit gebannt, doch blieb Mäder ein armes Dorf, das die Geschichte seiner Anfänge noch heute am Gemeindehaus trägt wie einen Orden für überwundene Widrigkeiten.

Und vielleicht wird noch heute jeder Bewohner der Gemeinde mit der Wildheit des Rheins von damals in den Knochen geboren. Das könnte man zumindest vermuten, wenn man einen seiner bekannteren Söhne, Ewald Stadler, näher betrachtet. Wer den Aufstieg der Freiheitlichen Partei Österreichs unter Jörg Haider miterlebt hat, dem ist er ein Begriff. Stadler galt zu seiner Zeit als einer der wortgewaltigsten rechten Recken und war als eisenharter und gnadenloser Oppositionspolitiker gefürchtet. Der Bürgermeister seines Heimatdorfs warf schließlich das Handtuch und zog sich 1993 krankheitshalber in die Frühpension zurück. An seiner statt stieg Rainer Siegele in den Ring. Die guten und bösen Geister der österreichischen Politik hatte er bereits als Gemeinderat und durch seinen Posten in der Landesverwaltung studiert und so war sein Nervenkostüm auf die Aufgabe vorbereitet. Siegele ist noch heute Bürgermeister von Mäder und seine Gemeinde mittlerweile ein Vorzeigebeispiel für Bürgerbeteiligung und zukunftsorientierte Entwicklung. Das weckte mein Interesse.

In Vorarlberg ist Freiland heute knapp. Der Traum vom Einfamilienhaus, die Gier nach Profiten beim Grundstücksverkauf und eine wenig vorausschauende Bodenpolitik der Landesregierung haben nicht viel übrig gelassen. Fährt man mit dem Zug durchs Rheintal, so sieht man Gemeinden, die sich eng an die nächste schmiegen und an die nächste und so weiter. So glaubt man an der Haltestelle vor dem Gemeindeamt des Nebendorfs, schon in Mäder angekommen zu sein, dabei sind es von dort noch drei Kilometer zu Fuß. Ruft man dann als neugieriger Autor bei der Gemeinde an, kann es einem glatt passieren, dass Bürgermeister Siegele persönlich abhebt und wenn man Glück hat, so wie ich, holt er einen gleich höchstpersönlich in seinem kleinen Elektroauto ab. Der E-Wagen, so sollte ich erfahren, gehört zur nachhaltigen Energiestrategie, für die Mäder heute so bekannt ist.

In seinem Büro angekommen, erzählt Siegele von Paradepopulist Ewald Stadler. Sein politischer Gegner aus den Neunzigern war ein geübter Kämpfer mit einem Riecher für Skandal und Ungereimtheiten. Ihm in einem Wahlkampf alleine gegenüberzutreten, hätte für Siegele rasch ins Auge gehen können. Doch er war schlau genug, sich Verbündete zu suchen, denn Mäder, so fand er, sollte lieber nicht in die Hände

Stadlers fallen. Er ahnte noch nicht, dass diese Entscheidung für seine Karriere und auch für Mäder schicksalsträchtig sein sollte.

Schon einige Jahre zuvor, im Jahr 1990, hatte der Gemeindevorstand die Dorfbevölkerung befragt, wie man sich die Zukunft von Mäder vorstellte. Das Dorf hatte durch Zuzug einen Aufschwung erfahren und stand vor richtungsweisenden Entscheidungen, die gemeinsam mit den Einwohnern getroffen werden sollten. Im Rahmen eines Dorfentwicklungsprozesses wurde zu Gesprächsrunden geladen, doch in Mäder wusste niemand so recht, wie man einen solchen Prozess am besten aufsetzte, moderierte und die Ergebnisse deutete. Darum holte man sich Hilfe von einem Planungsbüro. Das Ergebnis waren zwei Sätze, die die Dorfpolitik fortan leiten sollten. Sie lauteten: „Wir wollen ein Dorf bleiben“, also den sozialen Charakter eines Dorfes erhalten, und „Wir wollen Umweltmustergemeinde sein.“ Es war nur ein erster Versuch der Bürgerbeteiligung. Kaum 30 Interessierte hatten sich dafür gefunden und 25 sollten im Laufe der Befragung abspringen. Für Siegele wurde dieser zaghafte erste Schritt zum Grundstein für seine Arbeit.

Als er 1993 Bürgermeister wurde, trat Mäder dem *e5-Programm* des Energieinstituts des Landes Vorarlberg bei, ein Abkommen, das Gemeinden zu Klimaschutz und Energieeffizienz verpflichtet. Die heute 47 e5-Gemeinden versammeln über 80 Prozent der Vorarlberger. Es war für Mäder ein Schritt zu einer Dorfidentität, die deutlich vom Konzept der Nachhaltigkeit geprägt war und Anstoß für weitere Initiativen gab.

Mitte der 1990er-Jahre schon schlug der Gemeindesekretär vor, die örtliche Hauptschule zu einer Ökohauptschule zu machen und ihr damit ein attraktiveres Profil zu verleihen. Die ökologische Bauweise mit Holz in Leichtbauweise, gepaart mit einer ausgezeichneten Isolierung, einem Beleuchtungssystem, das sich an das Tageslicht anpasst, und viele andere smarte Details machen das Schulgebäude zu einem der energieeffizientesten in ganz Österreich. Die Schule lockt Besuchergruppen aus der ganzen Welt an, die die Bauweise studieren und für eigene Projekte als Vorbild nehmen. Der Ansatz funktionierte und

Mäder war nicht zu bremsen. Die Gemeinde trat Klimanetzwerken bei, wurde Teil des Klimabündnisses und des Gemeindenetzwerks „Allianz in den Alpen", welches sich der nachhaltigen Nutzung des Alpenraumes verpflichtet, und begann mit einer aktiven Raumplanungspolitik im Dienste der Nachhaltigkeit. Bürgermeister Siegele hatte zu dieser Zeit bereits eine wichtige Lektion gelernt:

➔ Beteiligungskultur braucht Zeit und muss erlernt werden.

Im Jahr 2002 unternahm er einen zweiten Anlauf für einen Beteiligungsprozess. Ihm ging es darum, dem Ort ein Sozialprofil zu geben und Ideen für Integration, Pflege und Jugendarbeit zu entwickeln. Diesmal sprang der Funke über. Über eine Kerngruppe von Ehrenamtlichen gelang es, zu begeistern und mittels gut ausgearbeiteter Fragebögen die Meinung der Bevölkerung einzuholen. Durch persönliche Ansprache und Verteilung von Tür zu Tür schaffte die Gemeinde eine Rücklaufquote von 66 Prozent, obwohl das Ausfüllen eine ganze Stunde Zeit in Anspruch nahm. Eine der Freiwilligen schaffte gar eine 100-Prozent-Quote, indem sie innerhalb ihres Reviers hartnäckig bei den Leuten anklopfte, bis auch der Allerletzte seinen Bogen ausgefüllt hatte. Für den Auswertungsprozess holte die Gemeinde erfahrene Begleiter mit an Bord, um Neutralität zu gewährleisten und auch trockene Abläufe für die Freiwilligen kurzweiliger zu gestalten. Siegele war der Ansicht, bei der Qualität der Berater und Begleiter dürfe man nicht sparen, da seien nur die Besten gut genug.

Der Bürgermeister steht mitten in seiner Geschichte auf und geht ins Nebenzimmer zu seinem Gemeindesekretär. Zurück kehrt er stolz, eine Ausgabe des damals erarbeiteten Sozialprofils in Händen haltend. „Mäder – Ein Leben lang" steht darauf geschrieben. Aus einer grünen Sonderausgabe der Gemeindenachrichten „Mäder Usschealllir" leuchten die Fotos jener Bürgerinnen und Bürger, die damals ihre Zeit und Arbeitskraft zur Verfügung gestellt haben, um den Beteiligungsprozess möglich zu machen. Gemeinsam setzte sich darin die Dorfgemeinschaft das Ziel, für mehr Lebensqualität für alle zu sorgen, und benannte dabei auch offen die bestehenden Herausforderungen, etwa in der Jugendarbeit und Altenpflege.

➔ Man kann Beraterinnen und Berater bezahlen, damit sie einen anleiten, doch die Grundvoraussetzung für Beteiligung, die Offenheit Bürger gleichberechtigt teilhaben zu lassen, kann man mit Geld nicht kaufen. Es braucht eine eigene, innere Haltung, um in einen Prozess zu gehen, ohne schon zuvor ein Bild davon zu haben, was dabei herauszukommen hat.

Weil diese Haltung in der Politik doch einigermaßen selten ist, fragten die Dorfbewohner Siegele zu Beginn oft verwundert und manchmal misstrauisch, wo denn der Plan sei, den er ja sicher im Hintergrund schon vorbereitet hätte. Mittlerweile wissen alle im Ort, was ergebnisoffenes Arbeiten heißt, und die Einbeziehung der Bürger Mäders gehört zum gängigen Arbeitsrepertoire der Gemeinde. Nähme sich die Dorfgemeinschaft mit dieser Methode schwieriger Themen an, verfüge man über eine völlig andere Qualität an Legitimation bei Entscheidungen, erzählt Siegele, wieder Platz nehmend. Wenn man etwa über sieben Hektar Bauland in ein Flächenfreihaltegebiet umwidmet, um Grünland zu sichern, kann man den aufgebrachten Eigentümern im Nachhinein zumindest entgegnen, sie hätten sich ja auch mit einbringen können.

Die aktive Boden- und Grundstückspolitik geht so weit, dass die Gemeinde selbst Grund aufkauft und in einem offenen Planungsprozess unter Einbeziehung von Raumplanern, Verkehrsexperten und Architekten mit Feedback von Bauwilligen, Anrainern und der Verwaltung entscheidet, was damit geschehen soll. Mitte 2017 schloss man so einen Prozess im Ortsteil Waul ab, mit dem Ziel, leistbaren Wohnraum für Mäderer Familien zu schaffen. Dabei konnte man Rücksicht auf die Bedenken der Anrainer hinsichtlich der Verkehrsbelastung und des Schattenwurfs zu hoher Gebäude nehmen.

Natürlich sei so ein Prozess komplexer und zeitintensiver, sagt Siegele, doch für ihn ist auch klar: „Entweder man macht die Arbeit vorher oder man hat nachher einen Mehraufwand, weil sich etwa eine

Bürgerinitiative gegen die neuen Gebäude formiert. Aktive Informationsweitergabe ist ebenfalls entscheidend. Es stimmt schon, Wissen ist Macht, doch wenn mehr Leute das Wissen haben, ist die Macht zur gemeinsamen Veränderung noch viel größer".

➔ Nur wenn alle auf demselben Wissensstand sind, können Bürger eine Politik wirklich mittragen.

Diese Erkenntnis hat auch in das Transparenzverhalten Mäders beeinflusst. Denn die Gemeinde gehört zu den 650 Städten und Gemeinden in Österreich, die ihre Rechnungsabschlüsse und Voranschläge auf der Plattform „Offener Haushalt" transparent und leichter verständlich für alle einsehbar ins Netz stellen.

Siegeles Geheimnis war und ist es also, sich Zeit zu nehmen und keinen Druck auf sein Dorf und sich selbst auszuüben, sofort das gewünschte Ergebnis erzielen zu müssen. Er vertraut auf seine Bürger und darauf, dass es ihnen gelingt, neue und ungewohnte Wege zu gehen. Das sei etwas anderes, als Bürgerbeteiligung aufgrund einer Notsituation einzusetzen, sagt er. In solchen Situationen sei es zwar leichter, Leute zum Mitmachen zu animieren, aber sehr viel schwieriger, gute und dauerhafte Lösungen zu erarbeiten. In Mäder könne man immer ohne Druck arbeiten. Bis auf damals, ganz am Anfang, als der Druck noch von Ewald Stadler kam.

Siegele scheint Stadler beinahe dankbar zu sein, denn ohne dessen scharfe Opposition hätte er vielleicht gar nicht erst bewusst einen anderen Weg gesucht. Die Allianz mit den Bürgerinnen und Bürgern habe ihn gestärkt, sagt der langjährige Bürgermeister heute. „Ich alleine wäre Stadler nicht gewachsen gewesen." Stadler verlor 1993 die Wahl, schied 1996 aus dem Gemeinderat aus, wechselte zunächst in die FPÖ-Bundespolitik, ging später zum BZÖ und ist mittlerweile in der politischen Bedeutungslosigkeit versunken.

Heute steht Siegele vor der gegenteiligen Herausforderung: dem Fehlen einer Opposition und damit auch dem Fehlen des notwendigen kritischen Feedbacks. Deshalb lässt er sich einmal im Jahr bei einer

Klausur mit sechs anderen Vorarlberger Bürgermeistern coachen. Jeder Ortschef kann im geschützten und vertrauensvollen Rahmen seine Probleme vorbringen und mit den anderen gemeinsam reflektieren.

Eines dieser Probleme ist die Überforderung, die mitunter dadurch entsteht, dass durch Beteiligungsprojekte immer mehr Ideen und Initiativen auf Siegeles Tisch landen. Im Zuge der Reflexion sei ihm klar geworden, wie wichtig es sei, dass Bürgerinnen und Bürger, die Ideen haben, auch selbst Strukturen für Zusammenarbeit und Engagement gestalten, die funktionieren. Es zahle sich aus, auf das Prinzip der Selbstorganisation zu vertrauen und die Dorfbewohner nicht als reine Konsumenten von Verwaltungsdienstleistungen wahrzunehmen, ist Siegele überzeugt. Als Mäder 2015 Flüchtlinge aufnahm, erinnerte sich Siegele besonders deutlich an diesen Vorsatz und gab mehr Raum für Initiativen, die unabhängig von der Gemeindeverwaltung umgesetzt werden konnten. Daraufhin gründete sich ein Verein, der ehrenamtlich Sprachcafés für Geflüchtete anbot und immer noch anbietet.

Das Einmaleins der Beteiligung im Kindergarten erlernen

Die Haltung zur freiwilligen Beteiligung will allerdings gelernt sein, am besten von Kindesbeinen an, denn sie braucht eben Zeit, wie Bürgermeister Siegele früh erkannte. So ist der Kindergarten von Mäder ein ganz besonderer Lernort, an dem Demokratie für die kleinsten Dorfbewohner erlebbar wird und in dem eine eigene Verfassung die Mitbestimmungsrechte für die Kinder garantiert. Im Eingangsbereich des modernen Holzbaus hängt der Wochenplan, auf dem die wichtigsten Tageselemente durch Piktogramme dargestellt sind: ein Regenbogen für den Morgenkreis, in dem die Kinder den Tagesablauf mit den Pädagoginnen besprechen, ein Mikrofon und ein lachendes und ein trauriges Gesicht für die große Versammlung am Mittwochnachmittag, bei der Anregungen und Beschwerden besprochen werden und jedes Kind zu Wort kommen kann. Leiterin Rosi Lamprecht erklärt gerne, wie das gemeinsame Reich funktioniert. In der Verfassung des Kindergartens stehe, „die Beteiligung der Kinder an allen sie betreffenden Entscheidungen“ ist als „Grundrecht anerkannt“. Das bedeute aber nicht, dass die Kinder alles dürften und auch diese Verfassung lege klar dar, dass dort, wo das körperliche oder seelische Wohl des Kindes gefährdet ist, die Mitentscheidung ihre Grenzen hat.

Bereits 2002 habe sie sich von Kindergärten in Deutschland, die ebenfalls mit „offenen Systemen“ arbeiten, inspirieren lassen, erzählt sie. Dennoch habe sie die darauffolgenden zehn Jahre das Gefühl begleitet, es fehle etwas Fundamentales, um besser auf die Entwicklungsbedürfnisse der Kinder eingehen zu können. Gemeinsam mit ihrem Team entschied sie dann, einen Kindergarten zu schaffen, in dem Partizipation im Vordergrund steht. Für sie war bei der Ausgestaltung besonders ihre eigene Haltung wichtig. „Du musst dir selbst sicher sein und wissen, die Struktur passt, dann kannst du in die Beteiligung gehen“, sagt sie heute. Lamprechts Ansatz funktioniert. Die Kinder dürfen ihren Tagesablauf selbst gestalten. Fixtermine sind nur der Morgen- und der Abschlusskreis sowie das Mittagessen. Die Jausen und Spielaktivität teilen sich die Kinder ein und suchen sich selbst den Platz aus, an dem sie dafür sein wollen. Vom ruhigen „Denkerstüble“ mit Montessori-Materialien, der „Großbaustelle“, auf der die Kinder mit Karton, Steinen, Schachteln und Ästen bauen können, der Naturzone und dem Garten bis hin zum „Atelier“ und der „Quasselstube“, wo die Sprachförderung im Vordergrund steht, haben die 60 Kinder viel abwechslungsreichen Spielraum zur Verfügung.

Auch über Themenschwerpunkte der Gruppe wird abgestimmt. So wurde aus dem gewohnten jährlichen Familienfest 2017 ein Indianerfest, weil die Kinder erfolgreich dafür gestimmt haben. Bei der Entscheidung, welcher Stamm man denn sein sollte, ging es sogar in die Stichwahl. Abgestimmt wird dabei mit sogenannten „Muggelsteinen“ oder mit Klebepunkten, wenn es etwa um so wichtige Dinge wie das „Tier des Jahres“ oder ein neues Spielzeug, das angekauft werden soll, geht.

Am Anfang des heutigen Systems gab es einige Verunsicherung beim Kindergartenpersonal, welches es gewohnt war, das Jahr durchzuplanen. Der neue Weg verlangte nach mehr Flexibilität und Spontaneität. Manchmal kommt es auch zu kleinen Konflikten in der Familie, weil die

Kinder aus dem Mäderer Kindergarten auch zu Hause selbstbestimmter auftreten und Eltern und Geschwister erst damit umgehen lernen müssen. Es gehe aber nicht darum, Kinder nur einzuladen, ihre Anliegen einzubringen. „Wenn du etwas möchtest, musst du schauen, was du dazu beitragen kannst“, erklärt sie ihren Ansatz. Mitbestimmung bedeute auch mehr Verantwortung und Eigeninitiative für jeden Einzelnen.

➔ **Beteiligung ist „kein Wunschkonzert", sondern heißt mit anpacken.**

Wer wissen will, was das im Kindergarten von Mäder zum Beispiel bedeutet, wird zu den Toiletten geführt. An einem Mittwoch hatten sich besonders viele Kinder darüber beschwert, dass sie seit dem Umbau der WCs nicht mehr aufs Klo gehen wollten. Die Zwischenwände zwischen den Kabinen waren so niedrig gebaut worden, dass Kinder oft daran hinaufkletterten und andere bei ihrem Geschäft störten. Die Pädagoginnen fragten, wer denn bereit sei, an einer Lösung mitzuarbeiten, und zwölf Kinder meldeten sich. Dieses Komitee erarbeitete Vorschläge, über die in der großen Runde abgestimmt wurde und die von der ursprünglichen Kerngruppe umgesetzt wurden. In Begleitung der Pädagoginnen kontaktierten sie den Bürgermeister, beantragten ein Extrabudget und Hilfe vom Bauhof. Dabei führten die Kinder selbst die Gespräche und die zwölf halfen auch tatkräftig mit, als die Zusatzerhöhung rot, grün und gelb ausgemalt wurde. Sie lernten so, dass sie bereit sein müssen, sich zu engagieren, wenn sie sich etwas wünschten. Ihr Ideenreichtum bereichert wiederum die Pädagoginnen.

Ein anderes Problem stellte der Turnsaal dar. Fünf Jahre lang war er immer überlaufen und immer von denselben Kindern benutzt worden. Zwar wussten die Pädagoginnen Bescheid, doch hatte noch niemand den zündenden Einfall gehabt, wie man das Problem beheben könnte. Die Kinder kamen schließlich auf eine Lösung, die trotz ihrer Einfachheit nicht einmal den Erwachsenen eingefallen war. Die Kinder ziehen heute ein Namenskärtchen mit ihrem eigenen Symbol aus einer Schachtel, wenn sie in den Turnsaal gehen, und stecken es dort in ein Glas. Wenn sie den Saal wieder verlassen, bleibt das Kärtchen dort und man kann somit kein zweites Mal in dieser Woche hinein. So kommt jeder zu seiner Spielzeit im Turnsaal. Bei den Kindern fand die Lösung aufgrund ihrer Beteiligung daran viel Akzeptanz.

Der US-amerikanische Verhaltensökonom Dan Ariely nennt das den „Ikea-Effekt“. Er fand heraus, dass Menschen jene Dinge besser bewerten, an deren Entstehung sie selbst beteiligt waren, als wenn sie dazu keinen Beitrag geleistet haben. Dabei kann es wie in den Versuchen von Ariely um Origami-Figuren gehen oder um das selbst aufzubauende „Billy“-Regal von Ikea. Politiker können sich diesen Effekt zunutze machen, indem sie Bürgerinnen und Bürger in die Problemlösung miteinbeziehen.

Wie der Effekt heißt, ist für Rosi Lamprecht nebensächlich. Sie ist stolz auf ihren Kindergarten, der nur wenige Regeln braucht und in dem die Kinder zu selbstsicheren Persönlichkeiten heranwachsen. Sie lernen, wann sie sich Hilfe holen müssen und wann sie etwas alleine schaffen. Sie trauen sich aber auch, sich bei Erwachsenen zu beschweren, wenn etwas nicht in Ordnung ist, und können das Problem benennen. Ihr Kindergarten leistet einen Beitrag dazu, das Bewusstsein für Demokratie zu erwecken. Hier handelt es sich nicht um traditionelle politische Bildung, sondern um die Förderung engagierter Persönlichkeiten. Demokratische Kompetenzen und Haltungen können sich so entwickeln. Lernen Kinder früh, Entscheidungen, die das eigene Leben und das der Gemeinschaft betreffen, zu teilen und gemeinsam an Lösungen zu arbeiten, ist das ein starkes Fundament für eine lebendigere Demokratie.

➔ Wer möchte, dass Bürger sich engagieren, sich konstruktiv beteiligen und Abwehrkräfte gegen Manipulation aufbauen, muss Kindern beibringen, dass es wichtig ist, sich einzumischen und Verantwortung zu übernehmen.

Die Geschichte des Vorarlberger Zukunftsbüros

Die kleine Pioniergemeinde Mäder ist im Bundesland Vorarlberg kein Einzelfall. Das liegt auch daran, dass sich die Landesregierung zwei für Zukunftsfragen wegweisende Institutionen leistet. Dem schon erwähnten Energieinstitut ist es gelungen, aus der e5-Klimaschutzinitiative heraus ein europaweites Programm zu inspirieren. Die andere Institution ist das Vorarlberger *Büro für Zukunftsfragen*, das direkt dem Landeshauptmann unterstellt ist und seit über 30 Jahren Gemeinden, Zivilgesellschaft und Landesverwaltung auf dem Weg zu einer neuen Beteiligungskultur begleitet.

Gründer der Institution und maßgeblich für seine Strahlkraft weit über die Landesgrenzen hinaus verantwortlich ist Manfred Hellrigl. Hellrigl, heute Mitte fünfzig, hatte in Salzburg Politik und Publizistik studiert und war 1991 ursprünglich vom *Vorarlberger Umweltinstitut* angeheuert worden, um dessen Öffentlichkeitsarbeit einer Professionalisierung zu unterziehen. Der motorisierte Verkehr hatte Vorarlberg ein Problem mit bodennahem Ozon beschert. In der Bevölkerung war es unruhig geworden, es herrschte Nervosität bezüglich der Auswirkungen des farblosen Gases, das normalerweise in hohen Schichten der Erdatmosphäre vorkommt. Der Landesregierung brachte man zu dieser Zeit wenig Vertrauen entgegen, wenn es darum ging, Lösungen zu finden, und so setzte man Hellrigl ein, um die Arbeit der Politik und die Auskünfte der Fachleute in klarer Sprache zu kommunizieren. Das beschwichtigte zwar ein wenig die Gemüter, doch für das Ozonproblem war immer noch keine Lösung in Sicht.

So versuchte sich Hellrigl an einer Kampagne, die das Radfahren und öffentliche Verkehrsmittel propagierte. Seine Partner sollten dabei auch Gemeinden und Betriebe sein. Die Kampagne blieb verhältnismäßig erfolglos, das Verkehrsverhalten in Vorarlberg hatte sich zum Zeitpunkt der Evaluierung zwei Jahre später nicht verändert. Nur ein Betrieb stach bei der Auswertung heraus. Der *Wolford AG* in Bregenz war es gelungen, einen großen Teil der Belegschaft dazu zu bringen, vom Auto auf das Fahrrad umzusteigen. Als Manfred Hellrigl nachforschte, entdeckte er, dass Wolford keinen einzigen Vorschlag seiner Kampagne umgesetzt hatte, um dieses Ergebnis zu erzielen. Der Erfolg gehörte alleine einem Mann namens Oswald Hagen, Recyclingbeauftragter der Firma. Dieser hatte zwar weder ein Budget noch besonderen Einfluss im Firmengefüge, stürzte sich aber dennoch mit voller Leidenschaft in das Projekt. Mittels Fragebögen sammelte er von den 1400 Mitarbeitern Ideen dazu, wie man die Belegschaft zum Umsteigen auf das Fahrrad überzeugen könnte. Am Ende hatte er ganze Listen mit Verbesserungsvorschlägen zusammengetragen, die Hagen dann geschickt immer wieder Verkehrsplanern und Politikern bei gemeinsamen Veranstaltungen mit seinen Arbeitskollegen unterbreitete.

Die Geschichte von Oswald Hagen und der Firma Wolford war es, die Hellrigl zum Nachdenken brachte und erkennen ließ:

➔ Effektive Veränderungsprozesse geschehen nicht dadurch, dass man moralische Botschaften versendet und Menschen sagt, wie sie sich zu verhalten haben. Bevormundung funktioniert nicht, wenn man einen echten Kulturwandel herbeiführen möchte.

Vielmehr ist es wichtig, Akupunkturpunkte einer Gemeinschaft, wie etwa Oswald Hagen, also Menschen, die etwas Sinnvolles schaffen und sich engagieren möchten, zu finden und zu unterstützen. Durch Hagen war es Wolford alleine gelungen, sich zu erneuern.

1997 fasst Hellrigl, mittlerweile Leiter des Zukunftsbüros, den Entschluss, mit dem „Vorschreiben“ aufzuhören und die Möglichkeiten und Grenzen der Selbstorganisation zu erforschen. Ihn interessierte die Frage, wie man dieses Prinzip auf die Gemeindeentwicklung übertragen könnte. Und bald bot sich eine Chance, seine Thesen in der Realität auszutesten: als der Bürgermeister der Gemeinde Langenegg sich an das Zukunftsbüro wandte. Dieser klagte darüber, dass die Bürger nicht bereit wären, seine Ideen für die Dorferneuerung mitzutragen. Hellrigl empfahl ihm, mit einer kleinen Gruppe von etwa 15 Leuten damit zu beginnen, ein Leitbild für den Ort zu erarbeiten. Es sollten aber nicht die „üblichen Verdächtigen“ sein, sondern per Zufallsprinzip ausgesuchte Einwohnerinnen und Einwohner des Dorfes. Als das erste Leitbild erstellt war, fragte er die 15 Zufallshelfer, ob sie daran interessiert wären, weiter an der Ausgestaltung der von ihnen zusammengestellten Ideen mitzuwirken. Alle sagten zu und wurden aufgefordert, für den nächsten Teil des Prozesses je eine weitere Person zur Mitarbeit zu motivieren. Durch einen Schneeballeffekt entstand so ein Netzwerk an Beteiligten, die sich weitgehend eigenverantwortlich engagierten. Die Gemeindeverwaltung nutzte die Gunst der Stunde und begann, die Zusammenarbeit zwischen Vereinen und Initiativen zu unterstützen und Bewusstseinsbildung für die Nahversorgung zu betreiben. Von diesem Moment an entwickelte sich Langenegg zu einem Musterbeispiel für Regionalentwicklung und gewann 2010 den Europäischen Dorferneuerungspreis.

Hellrigl zieht daraus wiederum den Schluss, dass es wesentlich ist, die Bedürfnisse der Menschen an den Anfang eines Beteiligungsprozesses zu stellen. Es gehe auch darum, zu schätzen, was bereits vorhanden ist, und nicht nur darüber zu jammern, was fehlt. Bürger seien nicht nur Konsumenten der Verwaltung, sondern immer ein Teil des Wandels, den man für sie herbeiführen möchte.

Das Grundwissen zu Beteiligung vermitteln

Das Zukunftsbüro des Landes Vorarlberg ist in seiner Vermittlungsarbeit schon seit einigen Jahren Vorreiter und brachte die sogenannte *Art-of-Hosting-Methode* erstmals nach Österreich. Dabei werden in zweieinhalb Tagen unterschiedliche, effiziente Werkzeuge vorgestellt und erlebbar gemacht, mit denen sich Workshops, Klausuren und Ideenfindungsprozesse partizipativer gestalten lassen. Effektive Formate, die hierarchiefreiere Zusammenarbeit fördern, werden damit vertrauter und für den Laien zugänglich gemacht. Das *World Café* zum Bespiel erlaubt das effizientere Sammeln von Ideen in Tischrunden, das *Storytelling* stellt bespielgebende Geschichten und die aktive Reflexion in den Vordergrund und der *Open Space* wiederum gibt einen Rahmen vor, in dem Teilnehmer selbst strukturiert Inhalte einbringen und zur Diskussion stellen können.

Auch wenn ich für komplexe Fragestellungen Profis brauche, der *Art-of-Hosting*-Ansatz erlaubt es einem selbst, durch das Drehen an kleinen Stellschrauben eine Veränderung in der Ergebnisqualität der Zusammenarbeit in der eigenen Organisation zu erreichen. Dieser Ansatz wirkt weit über die Politik hinaus in Vereine und Unternehmen hinein. Der *Vorarlberg Tourismus* hat so zum Beispiel seinen Arbeitsansatz mit den Beherbergungsbetrieben und regionalen Tourismusverbänden auf den Kopf gestellt. Präsentierte früher Christian Schützinger, der Chef der Organisation, den Stakeholdern fixfertige Marketingstrategien auf Basis der Erkenntnisse der Marktforschung und einer internationalen Konkurrenzanalyse, so arbeitet er heute im Netzwerk partizipativ. Aus einem „Das ist zu tun" wurde die Frage „Wie schaffen wir das gemeinsam?". Das daraus entwickelte Tourismuskonzept „Gastgeben auf Vorarlberger Art" hebt sich dabei durch seinen regionalen Charakter und die Verankerung in den beteiligten Betrieben so weit ab, dass es auch international Beachtung findet.

Lag in den ersten Jahren des Zukunftsbüros die Beschäftigung mit Methoden im Fokus von dessen Arbeit, so wurde mit der Zeit klar, dass diese nicht die alleinigen Erfolgsfaktoren sind. Vielmehr geht es auch um eine grundsätzliche Haltung der Führungskräfte.

➔ Wir brauchen Politiker, die nicht nur Macher sein wollen, sondern deren Menschenbild es zulässt, auch einmal loszulassen und den Bürgerinnen und Bürgern zu vertrauen.

„Verantwortungsträger wollen oft den Erfolg von Beteiligung einkaufen, sind aber nicht bereit, den Preis dafür zu zahlen, denn dieser heißt der mündige Bürger", sagt Manfred Hellrigl. Wenn auch nicht so konsequent wie in Rosi Lamprechts Kindergarten, so versucht die Landesregierung in Vorarlberg doch, mehr Beteiligung zu ermöglichen.

Der Vorarlberger Bürgerrat

2004 entdeckte das Zukunftsbüro das Modell der Bürgerräte für sich. Dabei werden per Zufallsverfahren circa zwölf bis sechzehn Bürgerinnen und Bürger aus dem Melderegister ausgewählt, die ein Wochenende lang an einer konkreten Fragestellung arbeiten. Die Ergebnisse und Empfehlungen stellen die Bürgerräte danach gemeinsam im Rahmen eines „Bürgercafés" der Öffentlichkeit vor. Das Verfahren erzielte sehr positive Ergebnisse und wurde deshalb 2013 als konsultatives Instrument in die Landesverfassung aufgenommen. Seitdem besteht die Möglichkeit für alle, zu einer bestimmten Sachfrage einen solchen Bürgerrat einzuberufen, wenn sie dafür 1000 Unterschriften von Unterstützern sammeln. Die Landesregierung ist danach verpflichtet, detailliert zu den jeweiligen Empfehlungen Stellung zu nehmen.

Diese Möglichkeit wurde 2017 erstmals genutzt. Die Frage, die man behandeln wollte, war, wie man in Zukunft in Vorarlberg mit Grund und Boden umgehen sollte, ein politisch brandheißes Eisen im westlichsten Bundesland Österreichs. Der Bürgerrat legte eine Liste an Vorschlägen vor, die weit über alles hinausgehen, was sich die Landesregierung bisher an Reformen zugetraut hatte. Es wird sich zeigen, wie die amtierenden Verantwortungsträger damit umgehen. Spätestens bis Frühling 2018 müssen sie eine Stellungnahme zu den Empfehlungen der Bürger abgeben. Gerade in Zeiten, in der alles nach mehr Demokratie ruft, wird es richtungsweisend sein, ob man die Vorschläge ernst nimmt und als Auftrag für Erneuerung versteht oder sie in der nächsten Schublade beerdigt.

DAS GROSSE IM KLEINEN ERKENNEN

Was Stadtentwicklung mit den Bürgern bringt, wie zwei starke Frauen von der Stadtverwaltung Dortmunds plötzlich Schätze heben und Vorurteile gegen ein verrufenes Viertel bekämpfen.

Weltweit und auch in Europa leben mehr als 50 Prozent der Bevölkerung in Städten und deren Umgebung. Ein Leben, in dem man in seinem Heimatort jede und jeden kennt, ist den meisten fremd. Ob wir die Herausforderungen der Zukunft meistern können, hängt stark davon ab, wie wir das Leben in unseren Städten gestalten. Entweder es gelingt uns, dort eine hohe Lebensqualität für alle Menschen sicherzustellen, oder wir bekommen Orte des Konkurrenzkampfes, an denen Reich und Arm abgeschottet nebeneinander mehr oder weniger schlecht leben. Die Antworten auf diese Fragen haben auch viel zu tun mit Ownership: der Idee, dass der bewohnte Raum und sein politisches System allen gemeinsam gehören sollten. Wir müssen also einen Weg finden, bei möglichst vielen Menschen ein Gefühl von Mitverantwortung und Zusammenhalt zu erwecken, damit wir gemeinsam gestalten können. Städte sind das Labor, in dem wir unsere Zukunft entwickeln, oder der Ort, an dem sie scheitert.

Um ein Beispiel neuer Formen des Miteinanders zwischen Politik und Bürgerschaft kennenzulernen, mache ich mich an einem Oktobermontag auf ins Ruhrgebiet. Als ich am Bahnhof von Dortmund aussteige, ist das Wetter trüb und regnerisch. Das Einzige, was unübersehbar aus dem Stadtbild herausleuchtet, sind die Fahnen des heimischen Fußballklubs *Borussia Dortmund*. Es steht wohl kaum eine deutsche Metropole so sehr hinter ihrem Team wie diese: Praktisch jeden Laternenpfahl ziert ein Wimpel und an vielen Hausfassaden lugt irgendwo eine schwarz-gelbe Vereinsfahne hervor. Ich bin aber nicht wegen des Fußballs hier, sondern um *Nordwärts* kennenzulernen, ein Projekt, das im Bereich Bürgerbeteiligung zu den erfolgreichsten Deutschlands zählt.

Das Büro des kleinen Teams von *Nordwärts* liegt im zweiten Stock eines unscheinbaren Amtsgebäudes am Hauptplatz von Dortmund, auf dem auch das Rathaus steht. Historische Bauten sucht man im Zentrum fast vergeblich, denn mehr als 90 Prozent der Stadt wurden bei Bombenangriffen der Alliierten in den letzten Monaten des Zweiten Weltkriegs zerstört. So stammen die meisten Gebäude aus den 1950er- und 1960er-Jahren. Die Benennung des Platzes in „Friedensplatz" scheint umso bedeutsamer, als dieser Ort am eigenen Leib erfahren hat, was Krieg heißt.

Harriet Ellwein begrüßt mich in diesen Räumlichkeiten. Für mich ist sie die Brücke zu Dortmund. Die Wurzeln ihrer Familie liegen hier, hat doch noch ihre Mutter den Bombenkrieg als kleines Kind selbst miterlebt. Doch Ellweins Jugend sah bereits anders aus. In eine Akademikerfamilie Nachkriegsdeutschlands hineingeboren, wuchs sie in Bayern auf und war im Sommer oft mit ihrem Vater zu Gast beim *Europäischen Forum Alpbach* in Tirol. Dieser, der deutsche Politologe Thomas Ellwein, saß dort mit den Philosophen Hans Albert, Karl Popper und anderen Geistesgrößen um einen Tisch. Die Herrschaften, allesamt dem Zirbenschnaps nicht abgeneigt, diskutierten oft bis spät in die Nacht.

Thomas Ellwein gab das Interesse für Systeme und Strukturen der repräsentativen Demokratie an seine Tochter Harriet weiter. Sie wiederum pflegt eine Faszination für das Große im Kleinen: also wie kleine Maßnahmen, die nahe an den Bürgerinnen und Bürgern sind, das Vorankommen ganzer Systeme beeinflussen. So komme ich im Dialog mit ihr auch schnell auf den wenig bekannten österreichischen Philosophen und Vordenker Leopold Kohr (1909–1994) zu sprechen. Er hatte schon in den 1950er-Jahren erkannt, wie wichtig kleinteilige und überschaubare Strukturen für die Menschen sind, um ihnen das Gefühl von Selbstbestimmung und Eigenverantwortung zu vermitteln. Kohr inspirierte auch andere, wie Ernst Friedrich Schumacher, den Autor des Bestsellers „Small is Beautiful", und plädierte zeitlebens für eine Rückkehr zur gesellschaftlichen Gestaltung im Kleinen. Hätten Menschen genügend Möglichkeit, sich innerhalb ihrer Lebensräume einzubringen, so glaubte er, sei das die beste Grundlage für eine widerstandsfähige und krisensichere Gesellschaft.

Wie in so vielen anderen Städten auf der Welt prägte aber das genaue Gegenteil Dortmund. Dynamiken der Globalisierung und des weltweiten Handels stießen in den 1990er-Jahren einen großen Strukturwandel im Ruhrgebiet an. Veränderungen, die auch unter dem Titel „Steigerung der Wettbewerbsfähigkeit" und „Konsolidierung" liefen, hießen für die Stadt, dass viele Arbeitsplätze in der Stahlindustrie verloren gingen. Einige Industriebrachen hinterließen große Narben im Antlitz der Stadt, andere wurden schlichtweg verbaut. Auf dem Gelände des Stahlwerks *Phoenix*, das nach Schließung von den Chinesen demontiert und in China wiederaufgebaut wurde, entstand ein See, eingerahmt von Wohnhäusern. Wo einst das Stahlwerk *Westfalenhütte* stand, platzierte der Internethandelsriese Amazon sein zentrales Logistikzentrum. Die Arbeit in den Lagerhallen des Alleshändlers hat nichts mit jener in den alten Stahlwerken zu tun und bald könnten automatisierte Lagerhaltungssysteme die Beschäftigten dort ersetzen. Als es mit der Industrie in der Stadt bergab ging, schafften viele Menschen den Umstieg nicht. Mehr als drei Viertel der insgesamt 10,2 Prozent Arbeitslosen Dortmunds sind heute Langzeitarbeitslose.

Am sichtbarsten sind der radikale wirtschaftliche Umbruch und die Deindustrialisierung der Stadt in den nördlichen Gebieten Dortmunds, jenseits der West-Ost-Bahnlinie. Über 40 Prozent des gesamten Stadtgebiets liegen dort. Es sind Stadtteile, die bereits Mitte des 19. Jahrhunderts einen schlechten Ruf hatten. Früher waren es die luftverpestenden Schlote der Stahlwerke, die dunklen, kohleverstaubten Gesichter der Kumpels und die vergifteten Abwasserkanäle, die jene, die es sich leisten konnten, in den Süden der Stadt ziehen ließen. Im Norden wurde gearbeitet, geschwitzt und da war der Dreck. Heute sind die Industrieorte von damals Geschichte und mancherorts sogar Freilichtmuseen. Die Flüsse sind großteils renaturiert und aus den Grubenschächten muss bis in alle Ewigkeit Wasser gepumpt werden, damit das Ruhrgebiet nicht in sich selbst versinkt.

Der schlechte Ruf des Nordens blieb, speziell für das Viertel Nordstadt. Nach dem Zweiten Weltkrieg lag es in Trümmern, dann boomte die Montanindustrie und die Menschen bauten ihr Viertel wieder auf. Nordstadt ist, was manche reißerisch gerne eine „No-go-Area" nennen. Auch ich fühle mich nicht besonders wohl, als ich spät am Nachmittag die Bornstraße entlangspaziere. Auf der Straße sieht man fast nur Männer aus dem arabischen Raum oder aus Osteuropa. Die hohe Armutsrate, Arbeitslosigkeit, Drogenkriminalität und allgemeine Tristesse hier verstärken jenes Bild, das viele Dortmunder aus den Medien kennen.

Nordwärts: Beteiligung statt Marketing

In der Realität gibt es aber nicht nur Schwarz und Weiß. Die Nordstadt ist auch jenes Viertel, das über Jahrzehnte erfolgreich Arbeitsmigranten aufgenommen hat und immer wieder als neue Heimat für Ankömmlinge galt. Eine besondere Herausforderung für die Bewohner der Nordstadt stellte die Armutsmigration aus Bulgarien und Rumänien dar, die nach der Einführung der Reise- und Niederlassungsfreiheit für Bürger dieser Länder im Jahr 2012 begann. Viele der Nordstädter fühlten sich „überrannt" und von der Politik noch mehr allein gelassen und vergessen als zuvor. Diese Stimmung entlud sich bei der Bürgermeisterwahl in einem politischen Desaster für die regierende SPD.

Sie fuhr ihr zweitschlechtestes Ergebnis ein und die Wahlbeteiligung brach dramatisch ein. In der Nordstadt erreichte sie einen historischen Tiefstand von 25 Prozent, in anderen nördlichen Stadtbezirken lag sie bei nur knapp über 40 Prozent. Beim Oberbürgermeister läuteten die Alarmglocken. Zu lange schon hatte man zugeschaut, wie der Norden Dortmunds und seine Einwohner vernachlässigt wurden – eine intelligente und neue Art der Stadtentwicklung musste her. Der typische Ansatz in solchen Situationen war bisher, eine PR-Offensive zu starten, Hochglanzbroschüren zu drucken und dem Stadtmarketing einen Boost zu geben. Es ist Michaela Bonan zu verdanken, dass Dortmund einen anderen Weg ging. Sie, die 2011 zur ersten Ombudsfrau der Stadt gewählt worden war, überzeugte den Oberbürgermeister, es mit Bürgerbeteiligung in der Stadtentwicklung zu versuchen.

Bonan ist heute die Leiterin von *Nordwärts* und ihr Kalender ist so voll, dass ich bereits im Sommer um einen Termin im Oktober anfragen musste. Ihre Geschichte mutet ein wenig wie eine Fabel darüber an, wie man Wut in Engagement verwandelt. Als Ombudsfrau der Stadt kümmerte sie sich engagiert darum, dass den vielen Bürgerinitiativen mehr Gehör geschenkt wird. Beworben hat sie sich um diesen Job aus einem Frustrationserlebnis heraus, denn sie wäre beinahe einmal selbst zur Wutbürgerin geworden. Im Jahr 2010 hatte die Stadtregierung entschieden, in ihrem Viertel ein Wohnheim für psychisch erkrankte und labile Menschen zu errichten. In unmittelbarer Nähe zu Schulen und Spielplätzen sollten Menschen einziehen, von denen man nicht genau wusste, welche Vorgeschichte sie hatten, woher sie kamen und ob sie eine Gefahr für die Allgemeinheit darstellen könnten. Wie so oft wurden die Anrainer nicht von den Behörden darüber informiert. Bonan war überrascht, wie schnell bei ihr Gefühle wie Wut, Angst und Ohnmacht hochkamen. Unter anderem auf ihr Betreiben hin überzeugte man die Verwaltung damals, das offene Gespräch mit den Bürgerinnen und Bürgern zu suchen und eine Informationsveranstaltung zum geplanten Wohnheim abzuhalten. Diese Initiative brachte dann auch die nötige Entspannung in die Debatte und das Bauvorhaben konnte umgesetzt werden. Heute ist das Wohnheim fester Bestandteil des Viertels und die Anrainer fühlen sich nicht mehr übergangen, für Bonan eine große Motivation. Sie wollte dafür eintreten, dass die Kluft zwischen Politikern und Bürgern ihrer Stadt kleiner statt größer würde. Oft helfe da schon ein Gespräch, sagt sie. Durch die eigene Erfahrung war ihr klar geworden, was Betroffenheit mit einem macht und was passieren kann, wenn man sich nicht ernst genommen fühlt, oder glaubt, dass einem wichtige Informationen vorenthalten werden.

➔ Menschen brauchen die Gewissheit, dass jene, die die Entscheidungen treffen, auch ein Stück in ihren Schuhen gelaufen sind.

Bonan musste sich in ihrer Karriere als Ombudsfrau oft für ihr Engagement belächeln lassen, doch sie setzte sich damit durch. Als Leiterin von *Nordwärts* ist es ihr vor allem wichtig, Bürgerinnen und Bürger ein Stück weit in die Verantwortung zu nehmen, wenn es um die Umsetzung neuer Ideen geht. Bei den ersten öffentlichen Treffen, zu denen *Nordwärts* einlud, betonten viele Bewohnerinnen und Bewohner aus dem Norden, dass sie doch keine Ahnung von Stadtentwicklung hätten und nicht verstünden, warum sie nun eine Rolle spielen sollten. Bonans Antwort darauf war immer dieselbe: Sie sollten sich einbringen, weil sie die eigentlichen Expertinnen und Experten für das Leben in ihrem Stadtbezirk seien. Diese Veranstaltungen, genannt „Nordforen" oder Bürgercafés, dienen *Nordwärts* als Projektschmieden, um neue Ideen für die Entwicklung der nördlichen Stadtteile auszuarbeiten.

Bonan klemmte sich inzwischen dahinter, der Politik und Verwaltung klarzumachen, dass Beteiligung keine Einbahnstraße ist und auch von ihrer Seite eine gewisse Bereitschaft nötig sei. Und es fand ein erfolgreiches Umdenken statt, da die Stadtregierung *Nordwärts* in Aussicht stellte, erfolgreiche Projekte zu finanzieren, so sie sich an bestimmten Qualitätskriterien orientierten. Das Maximalbudget, das jährlich ausgeschüttet werden kann, beträgt drei Millionen Euro. Wenn in den vergangenen Jahren nicht alles davon ausgeschöpft wurde, liegt das daran, dass man in der Ausarbeitung und der Begutachtung der Projektvorschläge sehr vorsichtig und genau ist. Aber es geht nicht nur um Geld, sondern auch darum, eine tragfähige und befruchtende Zusammenarbeit zwischen Bürgern, Politik und Verwaltung zu ermöglichen. Anderswo wird Bürgerbeteiligung oftmals sehr einseitig interpretiert: Die Bewohner wünschen und die Verwaltung muss liefern. Doch das ist der falsche Ansatz.

➔ Wenn wir echte Beteiligung sicherstellen wollen, müssen wir inklusiv arbeiten und alle Stakeholder mit an Bord holen.

Ein Dach für viele Initiativen

Es sind oft kleine, unscheinbare Verbesserungen und Ideen, die einen Unterschied machen und die Bekanntheit von Bonans Arbeit im Stillen wachsen lassen. Mittlerweile haben sich auch bereits bestehende zivilgesellschaftliche Initiativen darum beworben, ein Teil von *Nordwärts* zu werden. Sie wollen gar kein Geld von der Stadtverwaltung, sondern Mitglieder dieses Netzwerks werden und sich mit anderen Organisationen austauschen und weitere Erfahrungen sammeln. In nur zwei Jahren ist *Nordwärts* so etwas wie ein Gütesiegel für gute, sinnvolle Projekte in der Stadtteilentwicklung geworden.

Einer der vielen Dortmunder, der an den leisen und auf den ersten Blick nicht überwältigend großen Initiativen von *Nordwärts* teilhat, ist Winfried Hardes. Ich besuche ihn in Grevel, einem Vorort der Stadt. Sein altes Fachwerkhaus, ein ehemaliger Bauernhof, sticht aus der eintönigen Reihenhaussiedlung hervor. Seit fast 30 Jahren steht er im Dienst der Forstverwaltung des Landes Nordrhein-Westfalen und war viele Jahre als Förster in und um Dortmund tätig. Es überrascht vielleicht, aber das Stadtgebiet besteht zu über 50 Prozent aus Wald, Park und anderen Grünflächen. Für einen wie Hardes gibt es da viel zu tun.

Als er die Tür öffnet, begleiten ihn ein Dackel, ein Münsterländer und ein Retriever, der aus der Nachbarschaft auf Besuch ist, und wedeln freundlich mit den Schwänzen. Seine Frau Vera kredenzt einen wunderbaren Apfelkuchen. Sie ist Sopranistin an der Oper Dortmund; da sie gerade probenfrei hat, setzt sie sich zu uns, als Hardes zu erzählen beginnt. In den letzten Jahren sei es immer schwieriger für ihn geworden, seinem Beruf als Förster im stadtnahen Gebiet nachzugehen, und die Naturentfremdung der Bevölkerung bereite ihm immer größere Sorgen. Es vergehe kein Tag, an dem er bei der Waldarbeit und beim Baumfällen nicht von Spaziergängern angesprochen werde, die ihr Unverständnis darüber kundtun, dass er hier „gesunde" Bäume in ihrem Wald fälle. Vor fünf Jahren ließ er sich deshalb zum Waldpädagogen ausbilden und setzt sich seitdem dafür ein, dass wenigstens Kinder und Jugendliche an den Dortmunder Schulen Zugang zum Wald und zur Natur bekommen. Er wünscht sich seit Langem, diese Vermittlungsarbeit auch draußen in der Natur zu verrichten und die Großstadtkinder für ein paar Stunden aus ihren Klassenzimmern herauszulocken.

Im Rahmer Wald, einem Gebiet im Nordwesten der Stadt, stand seit einigen Jahren ein wunderschönes, altes Forsthaus leer und verfiel zunehmend. Zwar interessierten sich immer wieder Vereine dafür, das über hundert Jahre alte Gebäude zu übernehmen und zu revitalisieren, und auch Lokalpolitiker machten wiederholt Vorschläge, doch vergebens. Einmal scheiterte man an einem mangelhaften Nutzungskonzept, ein anderes Mal an der fehlenden Finanzierung für die aufwendige Renovierung, die für kleine Vereine nicht zu stemmen war, und zuletzt dann daran, dass sich unterschiedliche Interessentengruppen wie der Imkerverein mit hauptsächlich türkischstämmigen Mitgliedern und die Jägerschaft nicht einig wurden. Auch Hardes hatte versucht, sein Konzept eines waldpädagogischen Zentrums im Forsthaus alleine durchzubringen, war aber an den hohen Kosten gescheitert.

Als Hardes von *Nordwärts* erfuhr, machte er einen letzten Anlauf und schlug dem Büro vor, sich der Sache anzunehmen. Schon wenige Wochen später moderierte Harriet Ellwein ein erstes, abendliches Zusammentreffen von Jägern, Forstverwaltung und Imkern. Erstmals wurde durch die Prozessbegleitung von *Nordwärts* ein tragfähiges Nutzungskonzept, bei dem alle Initiativen einen Teil des Gebäudes verwenden könnten, aber auch einen Beitrag zu Erhalt und Renovierung leisten sollten, erstellt. Nach mehreren Jahren Leerstand schien endlich Bewegung in das Vorhaben zu kommen. *Nordwärts* half, eine Projektskizze für die Schaffung eines außerschulischen Lernortes und für die Nutzung des Gebäudes durch unterschiedliche Vereine mit Naturbezug zu erstellen. Dieser Vorschlag wurde gemeinsam mit dem Nutzungskonzept in die Gremien von *Nordwärts* geschickt, dort verbessert und vom obersten Stadtrat genehmigt. Ein Teil der Projektgelder soll in die Renovierung des Gebäudes fließen. Winfried Hardes ist auf jeden Fall froh, dass dank *Nordwärts* neues Leben in das verlassene Forsthaus einzieht. In Kürze wird er türkischstämmige Imker, westfälische Jäger und Dortmunder Schüler unter dessen Dach zusammenbringen.

Es ist mehr als eine kluge Moderation und Prozessbegleitung, die *Nordwärts* auszeichnet. Michaela Bonan, Harriet Ellwein und ihr Team haben sich ein durchdachtes Qualitätssicherungs- und Auswahlverfahren für Projekte überlegt. Die zahlreichen Projektideen, die in den letzten zwei Jahren über Bürgercafés und Projektschmieden bei *Nordwärts* eingelangt sind, werden sehr kritisch begutachtet und strukturiert bearbeitet. Dabei ist die Stadtverwaltung über Arbeitsgruppen eingebunden. Zu den Schwerpunktbereichen wie Soziales und Ökologie, Zivilgesellschaft und wirtschaftliche Belange treffen sich operativ tätige Verwaltungsbeamte aus unterschiedlichen Abteilungen regelmäßig zu eigenen *Nordwärts*-Arbeitskreisen, um die neuen Projektvorschläge zu begutachten und die Umsetzung von Projekten zu begleiten. Die kritischen und konstruktiven Rückmeldungen oder Fragen aus der Verwaltung werden protokolliert und an die betreffenden Personen und ihre Initiativen zurückgespielt. Teils werden die Projekte dadurch einfach verbessert, es passiert aber auch nicht selten, dass auf Basis der Anmerkungen aus der Verwaltung so manches Projekt als unrealistisch oder nicht effektiv abgelehnt wird. Auch dieses Feedback und die damit verbundene Entscheidung werden für alle einsehbar und transparent kommuniziert. So entwickelt sich in der Verwaltung langsam ein Gefühl der Zugehörigkeit zu *Nordwärts* und seinem

Arbeitsansatz. Bürgerbeteiligung heißt für *Nordwärts* eben nicht, Dinge isoliert und parallel zur Verwaltung umzusetzen, sondern mit ihr in Kooperation voranzubringen.

➔ Bürgerinnen und Bürger müssen auch lernen, die Expertise der Verwaltung zu schätzen und neben ihren Einzelinteressen auch das größere Ganze im Auge zu behalten.

Die Engagierten vernetzen

Nicht nur die Arbeitskreise mit Beamten der Stadtverwaltung, sondern auch das Kuratorium von *Nordwärts* geben bei der Begutachtung von Projektvorschlägen wertvolle Hinweise. Dieses Kuratorium stellt eine weitere Besonderheit von *Nordwärts* dar, denn es umfasst Vertreterinnen und Vertreter aus Wirtschaft, Zivilgesellschaft, Bildung und Wissenschaft aus dem Norden Dortmunds. Von der Pfarrerin bis zum Schuldirektor, von der Wirtschaftstreibenden bis zum Sportvereinsleiter findet sich eine breite Vielfalt gesellschaftlicher Verantwortungsträger zusammen und hilft mit, die Initiative weiterzuentwickeln. Dabei geht es *Nordwärts* auch darum, die Engagierten und die Macher abseits der gewohnten Interessenvertretungen und Organisationen zu erreichen, ihre Netzwerke und Expertise zu nutzen.

Es sind die Menschen, die abseits der Schlagzeilen und der großen Bühnen der Öffentlichkeit etwas bewegen. Kuratoriumsmitglied Annette Kritzler etwa lebt seit 30 Jahren in der Nordstadt und engagiert sich im Bereich der Kulturvernetzung. Vor einigen Jahren startete sie die Initiative *Boersigplatz Verführungen*, mit der sie unterschiedliche Themenführungen durch die Nordstadt anbietet, um mit Vorurteilen aufzuräumen. Für Kritzler ist *Nordwärts* eine wertvolle Ergänzung zur gängigen Stadtentwicklung. Sie schätzt daran, dass man bereit ist, zu experimentieren, Konventionen über Bord zu werfen und dass über die *Nordwärts*-Projekte neue Allianzen und Kooperationen entstünden. In ihrer Nordstadt wurde *Nordwärts* zum Beispiel als Vernetzer unterschiedlicher Interessengruppen, wie Sportvereinen und Gastronomie, im Freizeitgelände Hoeschpark aktiv.

Im sozial schwächsten Stadtviertel ist das Freizeitangebot dünn gesät und umso wichtiger ist es, dass alle Nutzergruppen im Park zusammenarbeiten und sich um das Gelände kümmern, damit alle davon profitieren. Der schlechte Ruf der Nordstadt sei nicht gerechtfertigt, obwohl die Situation mit hoher Arbeitslosigkeit und hohem Migrationsanteil nicht einfach sei, sagt sie. Menschen aus knapp 140 Nationen leben im Viertel. Noch ließen sich viele Migranten schwer für das Mitarbeiten an den Projekten gewinnen und Kritzler ist bewusst, dass hier noch echter Handlungsbedarf besteht. Dennoch ist auch sie überzeugt, dass die Möglichkeit, eigene Ideen einzubringen und dann umzusetzen, zur Lebensqualität beiträgt.

Eine weitere Macherin unter den Kuratoriumsmitgliedern ist die Unternehmerin Wenke Völkmann-Gröne aus dem Stadtbezirk Mengede. Vor einigen Jahren gründete sie ehrenamtlich eine Initiative, die Technikwissen und Forschergeist in örtliche Schulen trägt. Über 9000 Schüler erhalten so spielerisch Zugang zu Mathematik, den Naturwissenschaften und Technik (MINT-Fächer). Das Projekt, das unter dem Namen *Ausbildung von MINT-Scouts* arbeitet, ist heute auch Teil des *Nordwärts*-Netzwerks. Ich lerne sie in den Büros ihrer Maschinenfabrik am ehemaligen Gelände des Bergwerks *Zeche Westhausen* im Nordosten der Stadt kennen. Ihr Betrieb wurde von ihrem Großvater in den 1920er-Jahren gegründet und von ihrem Vater als klassischer Bergbaubetrieb weitergeführt. Die Maschinenfabrik war die erste Anlaufstelle für die Reparatur der Gerätschaften des Kohlebergbaus, doch als es mit diesem zu Ende ging, musste ein neues Geschäftsmodell entwickelt werden. Völkmann-Gröne, eine ausgebildete Bankkauffrau, übernahm den Betrieb mit ihrem Mann, einem Maschinenbauer, in stürmischen Zeiten.

Es gelang den beiden, neue Geschäftszweige zu erschließen, wie etwa die Wartung von Windkrafträdern. Dennoch geht es wirtschaftlich bei ihnen immer wieder auf und ab. Die letzten zwei Jahre waren aufgrund der Konjunkturlage schwierig und die Firma musste

Mitarbeiter kündigen. Das war keine leichte Zeit. Trotz aller beruflichen Turbulenzen ist sie bereit, bürgerschaftliche Verantwortung zu übernehmen und sich für *Nordwärts* zu engagieren. Zum Glück, denn Bürgerbeteiligung funktioniert nur, wenn Menschen mehr tun, als sie müssen.

Die Hardes, Kritzlers und Völkmann-Grönes dieser Welt kommen nicht in die Schlagzeilen der großen Zeitungen und in die TV-Shows des Landes. Aber es sind diese Macherinnen und Macher, die das Leben und Zusammenleben in unseren Gemeinden und in unseren Stadtvierteln prägen und entwickeln. Genau ihre Expertise gilt es einzubinden und ihre Leidenschaft zu befeuern. Es mag Realität sein, dass viele Menschen desinteressiert an dem sind, was um sie herum geschieht, und dass sie schwer für Beteiligungsprojekte zu erreichen sind. Aber die engagierten, stillen Heldinnen und Helden des Alltags zu unterstützen und zu stärken und mit ihren Ideen sichtbar zu machen. Michaela Bonan und ihrem Team ist bewusst, dass vertrauensvolle Beziehungen und Netzwerke von Menschen, die etwas tatkräftig umsetzen, ein Land, eine Stadt weiterbringen. Dieses Sozialkapital ist anders zu pflegen und zu sichern als Geld, Schienennetze oder Betriebsstätten. Es wird seltener gemessen als das Wirtschaftswachstum, ist aber für die Gesundheit einer Gesellschaft ein entscheidender Faktor.

➔ Es braucht die „verrückten" Macher, die nach einem harten Arbeitstag noch Zeit und Energie aufbringen, sich für die örtliche Schule, den Sportverein oder eine soziale Initiative zu engagieren.

Den „Möglichkeitssinn" fördern und aus Silos ausbrechen

Die Niederschwelligkeit macht *Nordwärts* aus. Viele Menschen, die sich von diesem umsetzungsorientierten Ansatz angezogen fühlen, würden vielleicht vor formelleren, parteipolitischen Strukturen zurückschrecken und nicht zusammenfinden. Engagement und

Bürgerarbeit werden sichtbarer gemacht und honoriert. Nebenbei gelingt noch etwas Wunderbares: Durch Strukturen, die Verwaltung, Politik und Bürgerschaft vernetzen, entstehen gegenseitiges Verständnis und Wertschätzung füreinander. Harriet Ellwein macht es stolz, wenn sie bei einzelnen Menschen oder Gruppen eine Veränderung der Geisteshaltung bemerkt. „Wo jemand mit dem Meckern angefangen hat und dann aber eine Idee oder ein ganzes Projekt zu Papier gebracht hat und über Lösungen und nicht Probleme nachdenkt", dort liegt für sie der Zauber von *Nordwärts*. Gemeinsam mit ihren Kollegen und vielen Bürgern bereitet sie den Boden für einen Kulturwandel. Die *Nordwärts*-Bürgercafés werden zu Begegnungsräumen, in denen auch andere Gespräche möglich sind, als jene die wir aus den aufgeregten und manipulierbaren Diskussionen auf Facebook kennen. Hier entsteht ein Sinn für Möglichkeiten, der jeder Veränderung vorangehen muss.

Wie sehr sich die Unternehmung von einer Marketingkampagne unterscheidet, zeigt sich auch darin, wie offen die Leute bei *Nordwärts* über zu geringe Beteiligung bei einem spezifischen Projekt oder andere Niederlagen sprechen. Anreiz bleibt, dass echte Budgetmittel für wirksame Projekte zugesichert werden – auch das ist ein Unterscheidungsmerkmal zu Scheinbeteiligungsprojekten. Es ist schwierig genug, Ideen von Leuten abzuholen, aber sie einzuladen, auch an der Umsetzung mitzuarbeiten und Verantwortung für ihre Ideen zu übernehmen, ist eine weitere Herausforderung, an die sich *Nordwärts* heranwagt. Der Politik bietet sich die Gelegenheit, Ideen und neue Inputs zu bekommen sowie eingeübte Sichtweisen und Blickwinkel zu überdenken. Für die Verwaltung wiederum, die Prozesse normalerweise ins Kleinste zerlegt und sich in Fachbereichen, Abteilungen und Sektionen für jede Art von Problem oft in ihrem Spezialistentum verliert, ist Beteiligung eine Chance, querzudenken und das große Ganze zu betrachten. Dass sich das Ausbrechen aus den eigenen gedanklichen und kulturellen Silos auszahlt, hat Gilian Tett, die Chefredakteurin der *Financial Times* in den USA, in ihrem unlängst erschienenen Buch „The Silo Effect" eindrücklich belegt. Die studierte Kulturanthropologin weist darauf hin, wie wir oft durch die Homogenität unseres Umfelds und der Macht unhinterfragter Gewohnheiten zu falschen Entscheidungen kommen.

Wie man im Fußball und in der Demokratie gewinnt

Aber zurück nach Dortmund, das ich nach vielen Begegnungen und Gesprächen mit dem Nachtzug verlasse, nachdem Harriet Ellwein mit mir noch an dem Haus in der Nordstadt vorbeifährt, in dem 1909 der Fußballverein *Ballverein Borussia 09*, kurz BVB, gegründet wurde. Für meinen Kollegen und Pressesprecher im Team des *Forum Alpbach*, der ein großer BVB-Fan ist, mache ich noch ein Foto. Am 10. Dezember 2017 wird der Österreicher, Peter Stöger, neuer Trainer des Traditionsvereins und brach mit seinem Team im ersten Spiel gegen Mainz Anfang Dezember die lange Serie an Niederlagen. Bei einem seiner ersten Interviews für den BVB-Infokanal betonte Stöger, „dass es im Fußball darum geht, den Spielern zu zeigen, welche Qualitäten sie haben und diese zu nutzen".

Mit *Nordwärts* bemühen sich Ellwein, Bonan und ihre Mitstreiter unermüdlich, genau das zu tun, und auch sie können in diesen Tagen einen Sieg feiern und stolz sein, dass sie mit den Bürgern im Norden Schätze gehoben haben. Ohne große Schlagzeilen und Fernsehberichte wird dem Projekt am 22. November 2017 in Maastricht der prestigeträchtige „European Public Sector Award" (EPSA) vom *Europäischen Institut für Öffentliche Verwaltung* (EIPA) verliehen. In der Kategorie der „Projekte auf kommunaler Ebene" konnte sich *Nordwärts* gegen drei weitere Finalisten aus Südengland, den Niederlanden und Österreich durchsetzen, bei einem Verfahren, in dem insgesamt 69 Innovationsprojekte im Rennen waren. Bonan, Ellwein und der Dortmunder Oberbürgermeister nahmen den Preis entgegen, und auch wenn dabei nicht Tausende Fans jubelten, war es eine wertvolle Anerkennung dieser wichtigen Aufgabe, einer Stadtregion zum Aufbruch zu verhelfen, mit den Stärken der Bürgerinnen und Bürger. So gewinnt man eben nicht nur im Fußball, sondern auch in der Demokratie.

NIEMALS AUFGEBEN

Wie junge Studenten ein Land für Verfassungsrechte begeistern, warum es gefährlich wäre, wenn Richter zu Automaten würden, wie ein Albtraum für die *Schweizer Volkspartei* aussieht und ein bekannter Journalist wieder Hoffnung schöpft.

Wer ein Buch über die Zukunft der Demokratie schreibt, muss wohl auch in die Schweiz reisen. Wenn auch Orson Welles alias Harry Lime in einer berühmten Szene des Agentenfilms „Der dritte Mann" lapidar erklärte, dass die Schweiz nach 500 Jahren Demokratie nicht mehr hervorgebracht hätte als die Kuckucksuhr, so ist doch das Modell der direkten Demokratie neben Schweizer Uhren und Schweizer Käse ein Alleinstellungsmerkmal des Landes. In unzähligen Gesprächen, die ich zur Frage nach der Erneuerung unserer Demokratie führte, kamen viele meiner Gesprächspartner auf die Schweiz zu sprechen, denn Beteiligung bedeutete für viele Menschen eben immer noch ausschließlich den bindenden Volksentscheid über Volksabstimmungen. Mein Ziel war es, diesem Mythos auf den Grund zu gehen und zu erfahren, was es mit der direkten Demokratie im Land, das sie sozusagen erfunden hat, auf sich hat.

Kein anderes Land der Welt nutzt das Instrument des direkten Volksentscheids öfter als die Schweizer. Bei Abstimmungen, genannt Volksiniativen, wird dort zu Fragen der Lokal- und Kantonalpolitik und zu Gesetzesinitiativen entschieden. Bei Volksinitiativen auf nationaler Ebene geht es um Verfassungsänderungen. Eine Abstimmung kommt zustande, wenn innerhalb von 18 Monaten 100.000 Stimmberechtigte sich für diese aussprechen. In der Schweizerischen Bundesverfassung wurden nach 1848 diese direktdemokratischen Mittel eingeführt. Damit wurde den Bürgern die Möglichkeit gegeben, abseits der politischen Parteien und des Parlaments über wichtige Themen zu entscheiden. Es gehörte über Jahrzehnte auch zu den ungeschriebenen Regeln in der Schweiz, dass diese Instrumentarien auf gesamtstaatlicher Ebene nicht von großen Parteien mit Regierungsbeteiligung eingesetzt werden sollen, um zwischen den Wahlen politisches Kleingeld aus der einen oder anderen initiierten Volksinitiative zu schlagen. In den Medien galt weiter der Usus, dass man beide Seiten, Befürworter und Gegner, zu Wort kommen ließ. Genau diese beiden Grundregeln hat der erfolgreiche Unternehmer und Rechtspopulist Christoph Blocher aber in den letzten zwei Jahrzehnten immer wieder gebrochen.

Dem 1940 geborenen Blocher, der aus dem Kanton Zürich stammt, gelang es ab Mitte der 1980er-Jahre, aus der kleinen und wenig bekannten Bauernpartei SVP eine schlagkräftige, rechtspopulistische Bewegung zu machen, die den politischen Diskurs in der Schweiz nun seit Jahren beherrscht. Das Spielen von Themen und Inhalten über die Volksinitiativen, die Blocher initiiert, beherrscht die SVP perfekt und mittlerweile machen es ihr andere Schweizer Parteien, wie die CVP und die SP, nach. Politikwissenschaftler und Think Tanks, wie die liberale Denkfabrik *Avenir Suisse*, beklagen schon seit geraumer Zeit, dass Parteien über Volksinitiativen Politmarketing betreiben und dies eine unnötige Hektik in das politische System bringe. Mit einer Vorahnung also, dass es um das Wundermittel Volksabstimmung in der Schweiz nicht ganz so rosig bestellt ist, wie man als außenstehender Beobachter annehmen könnte, machte ich mich auf den Weg nach Zürich. Ich ändere also kurzfristig mein Vorhaben: nicht zu einer Geschichte über Beteiligung zu recherchieren, sondern über die eines mutigen Widerstands gegen die Instrumentalisierung von „direkter Demokratie". Ein Freund hatte mir vor der Abfahrt noch das Buch „Was die Schweiz zusammenhält" des Geografen und Meinungsforschers Michael Hermann empfohlen. Bei der Lektüre während der Zugfahrt merke ich, dass die politische Geschichte der Schweiz alles andere als eine langweilige Affäre ist, wie ich immer geglaubt hatte.

Der Gründer der „Republik"

In Zürich mache ich mich vom Bahnhof auf den Weg ins *Hotel Rothaus*. Ich habe mich dort mit Constantin Seibt verabredet, einem der bekanntesten Journalisten des Landes. Seibt hat Blocher und seine Methoden über Jahre beobachtet und als Tageszeitungskolumnist immer wieder kritisch analysiert. Vor einigen Monaten hat er seinen Job beim Schweizer *Tages-Anzeiger* an den Nagel gehängt, um sich ganz dem Aufbau eines spannenden, neuen Medienprojekts zu widmen. In den angemieteten Räumlichkeiten des kleinen Hotels, einem Backsteingebäude im Langstrassenquartier von Zürich, bereiten er und sein Journalistenteam gerade den offiziellen Start des Magazins *Die Republik* am 15. Jänner 2018 vor. Es soll die erste Rechercheplattform der Schweiz werden, die unabhängig von großen Verlagen, jedoch als Genossenschaft im Eigentum ihrer Abonnenten Journalismus der alten Schule betreibt. In einer beispiellosen Onlinekampagne war es Seibt und seinen Mitstreitern gelungen, von Ende April bis Ende Mai 2017 Unterstützer und damit zukünftige Abonnenten für das Medium zu gewinnen, noch bevor *Die Republik* eine einzige Seite publiziert hatte. Schon am ersten Tag brachte der Crowdfunding-Aufruf weit mehr Unterstützungserklärungen ein, als man sich insgesamt zum Ziel gesetzt hatte. Am Ende kamen mehr als 3,4 Millionen Schweizer Franken zusammen, um das Projekt in seiner Startphase zu finanzieren. Damit brach die Republik auch den Weltrekord für ein journalistisches Crowdfunding-Projekt. *Die Republik* ist für Constantin Seibt ein Herzensprojekt und die Antwort auf die Krise der großen Medien, die seiner Meinung nach eng mit der Krise der Demokratie verbunden ist. Das einstige Geschäftsmodell der Zeitungen, über Anzeigen und Werbung unabhängigen Qualitätsjournalismus zu finanzieren, ist zusammengebrochen.

Die Ratlosigkeit darüber, wie es weitergehen soll in der Branche, ist groß. Auch die Schweiz hat die Medienkrise längst erreicht und Christoph Blocher nutzt sie für seine Ziele ebenso wie der Medienmogul und ehemalige Premierminister Silvio Berlusconi in Italien oder Rupert Murdoch in Großbritannien und den USA. Schon 2002 übernahm eine Eigentümergruppe um Blocher die renommierte Wochenzeitung *Die Weltwoche* und baute sie unter dem Chefredakteur Roger Köppel, der seit 2015 auch SVP-Nationalrat ist, zu einem rechtspopulistischen Meinungsblatt um. Acht Jahre später übernahm Blocher dann die *Basler Zeitung*, die sich fortan auch in den Dienst der SVP-Kampagnen stellte. Wie in vielen Ländern schrumpfen auch in der Schweiz die anderen großen Verlagsgruppen wegen des Wirtschaftsdrucks ihre Redaktionen auf ein Mindestmaß. Am Ende leidet die Qualität der Recherche und der Information darunter.

Constantin Seibt wollte, wie er mir bei einer Zigarette vor dem Eingang des *Hotel Rothaus* erzählt, nicht wie der Klavierspieler auf der *Titanic* zurückbleiben, sondern etwas Mutiges wagen. Ein werbefreies Magazin finanziert durch Mitgliedsbeiträge: Seibt will mit *Die Republik* dem unabhängigen Recherchejournalismus, der den Mächtigen die Stirn bietet, wieder eine Heimat geben. Später sitzen wir im Entree des Hotels, wo die Bar gleichzeitig Rezeption ist und an der Wand hinter mir das schwarz-weiß gedruckte Manifest von *Die Republik* hängt. Es beginnt mit den Sätzen: „Ohne Journalismus keine Demokratie. Und ohne Demokratie keine Freiheit. Wenn der Journalismus stirbt, stirbt auch die offene Gesellschaft, das freie Wort, der Wettbewerb der besten Argumente. Freier Journalismus war die erste Forderung der liberalen Revolution. Und das Erste, was jede Diktatur wieder abschafft. Journalismus ist ein Kind der Aufklärung. Seine Aufgabe ist die Kritik der Macht. Deshalb ist Journalismus mehr als nur ein Geschäft für irgendwelche Konzerne." 13.000 Genossenschafter sind schon diesem Aufruf gefolgt und haben sich am Abenteuer beteiligt, ohne zu wissen, worauf sie sich einlassen. 20.000 wird es laut Seibt brauchen, um *Die Republik* langfristig finanziell abzusichern. Wer Journalismus so macht, übernimmt laut Seibt

Verantwortung für die Öffentlichkeit, denn in der Demokratie gelte das Gleiche wie überall im Leben:

→ Die Menschen brauchen vernünftige Informationen, um vernünftige Entscheidungen zu treffen.

Wenn Populisten die direkte Demokratie manipulieren

Wie viele andere politische Kenner der Schweiz beobachtet Constantin Seibt seit Jahren, wie sich Populisten wie Blocher über die ungeschriebenen Spielregeln der direkten Demokratie hinwegsetzen und damit durchkommen. Die Ablehnung des Beitritts zum EWR, dem Wirtschaftsraum, der unter anderem Norwegen und Island mit der EU verbindet, in einem Referendum 1992, stellte den ersten großen Kampagnenerfolg Blochers dar. Geschickt bewirtschafteten der Politiker und seine Partei das öffentliche Meinungsfeld nun fortan mit populistischen Volksinitiativen. Bei diesen spielte das Ausländerthema eine zentrale Rolle. Die Stimmungsmache und Abstimmungserfolge wirkten sich auch positiv auf den Gesamterfolg der SVP bei den Nationalratswahlen der vergangenen Jahre aus.

Am 9. Februar 2014 trug die SVP mit der Volksinitiative „Gegen Masseneinwanderung“ einen ihrer größten Siege davon. Mit einer knappen Mehrheit von 0,3 Prozentpunkten stimmten die Schweizer für die Einführung von Höchstzahlen und Kontingenten für Ausländer, die sich pro Jahr in der Schweiz niederlassen dürfen. Bedeutsam war die Abstimmung vor allem, weil die konsequente Umsetzung der Forderungen dieser Initiative auch das Aufkündigen der Personenfreizügigkeit mit der EU und aller sieben Verträge, mit welchen die Schweiz in den Europäischen Binnenmarkt integriert war, bedeutet hätte. Das hat die Möglichkeit für Schweizer Staatsbürger, im Ausland zu arbeiten oder zu studieren, stark eingeschränkt. Für viele war das Abstimmungsergebnis so etwas wie ein politischer Krisenmoment. Vor allem die Jungen, jene Generation, die unter dem Treiben und Wirken Blochers groß geworden ist, sahen im Ergebnis einen weiteren Schritt hin zur Abschottung der Schweiz von Europa. Dass sich nach diesem 9. Februar 2014 aber eine Initiative formte, die zwei Jahre später Blocher und seiner Bewegung ihre erste große politische Niederlage zufügen würde, konnte damals noch niemand ahnen.

Die *Liberos* formieren sich

Im *Impact Hub Zürich*, einer Bürogemeinschaft von sozial gesinnten Unternehmerinnen und Unternehmern unter dem Wipkinger Bahnviadukt, herrschte an den Abenden nach der Abstimmung reges Treiben. Die proeuropäischen jungen Menschen, die alle das Gefühl hatten, eine große Niederlage mitverantwortet zu haben, und gleichzeitig den Wunsch hegten, etwas Konkretes für die Veränderung der politischen Lage der Schweiz zu unternehmen, trafen sich dort. Nach den ersten Abendrunden machte sich das Bewusstsein breit, dass man nicht weiter untätig zuschauen wollte, wie die SVP und Blocher die Schweiz, die immer auch wirtschaftlich und gesellschaftlich von ihrer Weltoffenheit profitiert hatte, Schritt für Schritt zumauerten. Für viele war es nach der „Masseneinwanderungsinitiative“ so, als würde sich eine schwere Betondecke über das Land ziehen und alles was Offenheit, Weltgewandtheit und Internationalität ausstrahlte, ersticken. In den abendlichen Diskussionsrunden, in denen sich Leute aus unterschiedlichen politischen Lagern zusammenfanden, blieb es nicht beim Jammern. Unterschiedliche Strategien, Konzepte und Ideen wurden entworfen und wieder verworfen, um den Dauerkampagnenmodus der Rechtspopulisten und ihrem Monopol auf die öffentliche Meinung etwas entgegenzusetzen. Für die meisten war dabei klar, dass die etablierten Parteien versagt hatten. Sie hatten es aufgegeben, komplizierte, politische Inhalte klar und verständlich an die Wählerinnen und Wähler zu kommunizieren. Die Aufrufe der Parteien an jüngere Leute, sich zu engagieren, wurden als unzureichend und nicht motivierend wahrgenommen. Vielleicht wäre, so dachten manche der Teilnehmer, eine breite außerparteiliche Allianz sinnvoller, um den hetzerischen Parolen und Abschottungstendenzen der SVP endlich etwas entgegenhalten zu können. Constantin Seibt, der den Treffen als stiller Beobachter beiwohnte, war fasziniert von der Disziplin, mit der die jungen Leute an diese Sache herangingen. Arbeitsgruppen werden gegründet und man entschloss sich, dem Projekt mehr Zeit zu geben, um erst mit einer ausgereiften Idee an die Öffentlichkeit zu gehen.

Auch Flavia Kleiner erinnert sich an den Tag, als sie in der Küche ihrer Studenten-WG in Freiburg aus dem Radio vom Abstimmungsergebnis erfuhr. Die damals 23-Jährige war zum Masterstudium der Zeitgeschichte und Rechtswissenschaften aus ihrem Heimatkanton Zürich dorthin übersiedelt. Aufgewachsen war Flavia Kleiner in einer bürgerlichen Familie in Niederhasli, einer beschaulichen Pendlergemeinde vor Zürich, als Tochter eines Juristen und einer Gemeinderätin. Als sie in den Tagen um die Volksabstimmung zu den Diskussionsrunden im *Impact Hub* stieß, war sie zuvor noch nie politisch aktiv gewesen. Dennoch bildete auch für sie der 9. Februar so etwas wie einen politischen Erweckungsmoment.

Flavia Kleiner gesellte sich zu jenen Leuten, denen vorschwebte, eine überparteiliche Kampagnenplattform ins Leben zu rufen. *Operation Libero* sollte sie heißen, benannt nach dem Libero beim Fußball, der in der Defensive gut ist, im richtigen Moment anderen die Bälle zuspielt und Offensiven lanciert. Über den Sommer schob eine kleine Gruppe Nachtschichten, erarbeitete Statuten und noch viel wichtiger: ein Manifest mit klaren Zielsetzungen und Leitlinien für die neue Bewegung. Neben Flavia Kleiner waren die Doktoranden Dominik Elser und Stefan Schlegel Liberos der ersten Stunde. Beide werkten zu dieser Zeit als Assistenten am Institut für öffentliches Recht an der Universität Bern. Sie brachten der Gründungsphase den nötigen inhaltlichen Tiefgang und Expertise zu Migrations- und Verfassungsfragen. Denn eines schien von Anfang klar für die Gründer der *Operation Libero*: Man würde die Meinungshoheit nur zurückgewinnen können, wenn man inhaltlich besser aufgestellt wäre und sauberer arbeitete als der Gegner. Das hieß im Klartext, dass alle Argumente, die man in die öffentliche Debatte einbrachte, auch Hand und Fuß haben mussten.

Dominik Elser kommt wie Flavia Kleiner aus einem mittelständischen Umfeld und hatte kurzfristig einmal versucht, bei den *Jungfreisinnigen*, einer Jugendpartei mit einem Naheverhältnis zur liberalen Schweizer FDP, anzudocken. Doch er hatte den Eindruck, dass es den Mitgliedern dort nur um ihre Karriere, nicht um Inhalte ging. Im Gespräch erzählt er mir, dass ihm dort besonders inspirierende und tiefere Gespräche abgegangen wären. Es sei keine Freude an der Sache aufgekommen, man hätte nur die Gewissheit gehabt, dass man auf der „richtigen" Seite stünde. Stefan Schlegel stieß aus einem linken Umfeld zur *Operation Libero*. Er hatte sich im Zivildienst in der Flüchtlingshilfe engagiert und war für kurze Zeit im Umfeld der sozialdemokratischen Partei aktiv gewesen. Inhaltliche Schärfe und Präzision in ihrer Arbeit ist beiden wichtig. Mit dem jungen Journalisten Silvan Gisler, der als Regionalredakteur beim Winterthurer *Landboten* arbeitete, kam wiederum jemand in die Gründergruppe, der verstand, welche Dramaturgie eine gute Geschichte braucht und wie man auch komplizierte Sachverhalte deutlich und verständlich darstellen kann. Das Know-how des Social-Media-Managers und IT-Spezialisten Adrian Mahlstein würde sich ebenso bezahlt machen. Ihm ist es zu verdanken, dass die *Operation Libero* von Anfang an auf digitale Werkzeuge und Social Media setzte. Der damals 26-jährige Nicolas Zahn wiederum wurde in der Aufbauphase für sein Wissen um die Bedeutung sauberer interner Prozesse, klarer Entscheidungsstrukturen und Rollenverteilungen geschätzt. Alle Liberos der ersten Generation teilten den Traum einer offenen, zukunftsgewandten Schweiz. Was die bunte Truppe von Anfang an auszeichnete, war die Mischung aus Pragmatismus und nerdhafter Präzision, gepaart mit großem Idealismus. Hier waren disziplinierte Kämpferinnen und Kämpfer zusammengekommen, keine schläfrigen Hippies. Man wollte sich einmischen in die Abstimmungskämpfe, sich zu wichtigen Zukunftsfragen äußern und über verbündete Parlamentarier im Schweizer Parlament Reformvorschläge einbringen.

Im Sommer 2014 zog sich die Gruppe zu einer „Retraite“, so nennen die Schweizer nach dem Französischen eine Klausur, in ein Ferienhaus in den Bergen zurück. Dort wurde dem Manifest der *Operation Libero* der letzte Schliff gegeben. Am 12. September, dem Jahrestag der Verabschiedung der Schweizer Verfassung von 1848, wollte die Gruppe an die Öffentlichkeit gehen. *Operation Libero* sollte von nun an für all jene da sein, die „überzeugt sind, dass die vergangenheitsversessene Schweiz passé ist“. Als Bewegung wollten Flavia Kleiner und ihre Mitstreiter Menschen über die Parteigrenzen hinweg zusammenbringen, um für das Chancenland Schweiz zu kämpfen und konsequent pro-europäisch zu argumentieren. Ihre Heimat sollte „auch in Zukunft ein Ort von Freiheit, Rechtsstaatlichkeit, Offenheit und Fortschritt bleiben“, so die Worte der Gründer. Die Wochenzeitung *Die Zeit* druckte das Manifest unter dem Titel „Wir Kinder von 1848“. Der Schweizer *Tagesanzeiger* titelte ein paar Tage später „Die Generation Y wehrt sich“ und die *Neue Zürcher Zeitung* witterte „Frischluft für die liberale Sache“.

Im Spätherbst 2014 legte die Gruppe richtig los, sammelte erste Kampagnenerfahrung gegen die Volksinitiative, die unter dem Titel „Stopp der Überbevölkerung – zur Sicherung der natürlichen Lebensgrundlagen“ durch die kleine, obskure Organisation *Ecopop* lanciert wurde. Man verteilte 30.000 Kondome unter dem Slogan „Poppen gegen Ecopop“, was die Gruppe später wieder bereute, weil man damit nur die üblichen Verdächtigen erreichte. Im Sommer 2015 engagiert sich *Operation Libero* für die „Ehe für alle“ und rief einen „Summer of Love“ aus. Manche belächelten das Treiben der Studentengruppe, andere empfanden sie als einen erfrischenden Neuzugang in der Schweizer Politlandschaft. Die Initiative wird auf jeden Fall wahrgenommen, auch wenn sich zu Beginn einige wegen des rosaroten Logos denken, dass die *Operation Libero* eine neue Schwulen- und Lesbenbewegung wäre.

Für die Gruppe war das erste Jahr extrem wertvoll. Man hatte Zeit, an den eigenen Strategien zu arbeiten, an den Botschaften und auch dafür, den einen oder anderen wertvollen Fehler zu machen. Von Anfang an wollte man nicht wie eine Gruppe elitärer Studenten auftreten, sondern auf Basis von Faktenkenntnis und Inhalten so kommunizieren, dass alle Bürgerinnen und Bürger der Schweiz die Anliegen von *Libero* verstehen. Neben einer klaren Sprache und Außenkommunikation, bei der die Verantwortung beim Sender und nicht beim Empfänger liegt, war den Aktivisten von Anfang an klar, dass es darum gehen würde, die Deutungshoheit über gewisse Themen zu erlangen. Elser und Schlegel hatten analysiert, wie die politischen Gegner der SVP bei der „Masseneinwanderungsinitiative" Schritt für Schritt immer mehr Begriffe der Rechtspopulisten übernahmen. Auch in ihrer Ablehnung stärkten sie damit die SVP. Man fiel auf dem konzeptionellen Schlachtfeld, das die SVP vorbereitet hatte. Wenige Monate später würde diese Gewissheit von strategischer Bedeutung für die *Operation Libero* sein.

Stefan Schlegel, dessen Großvater als Bahnbeamter ins St. Galler Rheintal nach Buchs gekommen war, arbeitet heute als Senior Research Fellow am Max-Planck-Institut in Göttingen. In den ersten Monaten der *Operation Libero* war er derjenige, der kontinuierlich darauf hinwies, wie schwierig es sei, politische Veränderung herbeizuführen, wenn alle die Problemsprache der Populisten übernehmen. „Wenn du einen Unterschied machen willst, musst du den Diskurs ändern, das war mir klar", erzählt Schlegel mir in einem Skype-Interview, das ich von Wien aus, nach meiner Rückkehr aus Zürich, mit ihm führe. Schlegel und seine Mitstreiter bezogen sich in ihrer Analyse unter anderem auf die Theorien des Sprach- und Werteforschers George Lakoff, der in seinen Untersuchungen anschaulich belegt, dass es Menschen bei politischen Entscheidungen wie einer Wahl nicht vorrangig um ihre eigenen Interessen, sondern um ihre Werte geht.

➔ **Was die Menschen ansprechen soll, muss über geeignete Sprachbilder und Metaphern kommuniziert werden, damit es auch greift. Den politischen Gegner anzugreifen, indem man seine Problembegriffe aufgreift, damit hat man schon verloren.**

Was von Anfang an der *Operation Libero* beeindruckt, ist nicht nur die Vielfalt der beteiligten Personen, die aus verschiedenen politischen Lagern zusammenkommen, um gemeinsam für eine offenere Schweiz einzutreten, sondern die besondere Mischung aus Idealismus und Abgeklärtheit. Man geht so strukturiert an die Aufbauarbeit heran, als würde man ein Start-up gründen.

→ Zeit ist ein wichtiger Faktor, das heißt, sich Zeit zum Nachdenken darüber zu geben, wo man eigentlich hinwill und wofür man steht.

Für Reflexion nehmen sich andere politische Bewegungen und Kampagnen in einer Aufbauphase oft nicht jene Zeit, die es braucht, um langfristig erfolgreich zu sein. Allzu schnell ist eine Website aufgesetzt und noch schneller ist man mit unausgegorenen Inhalten und Forderungen im Mittelpunkt des Medieninteresses, bevor man wieder in Vergessenheit gerät.

Die Feuerprobe „Durchsetzungsinitiative"

Dass sich die lange Vorarbeit am Teamgeist, an den Inhalten, an den Zielsetzungen und der Außenkommunikation bezahlt machen würde, zeigte sich im Herbst 2015, als die erste große Feuerprobe für die Initiative herannahte. Damals wurde klar, dass im darauffolgenden Februar die sogenannte „Durchsetzungsinitiative", eine von der SVP lancierte Volksinitiative, zur Abstimmung kommen würde. Einmal mehr hatte die SVP zum Thema Abschiebung krimineller Ausländer kampagnisiert. Auch wenn in der Schweiz legal ansässige, ausländische Staatsbürger im Vergleich zu ihren Schweizer Mitbewohnern nicht überproportional kriminell werden, gelang es Blocher, eine Bedrohungskulisse aufzubauen.

Das Thema hat eine Vorgeschichte: Schon 2010 hatte die SVP erreicht, dass die Schweizer zum Thema „für die Ausschaffung krimineller Ausländer (Ausschaffungsinitiative)" abstimmten. Ziel dieser Initiative war es damals, ausländische Staatsbürger, wohnhaft in der Schweiz, die wegen bestimmter Straftaten verurteilt werden, im Einzelfall des Landes zu verweisen und mit einem Einreiseverbot zu belegen. Die Initiative wurde von den Schweizer Wählern auch angenommen. Allerdings wurden einige Aspekte im Rahmen der gesetzlichen Umsetzung vom Parlament adaptiert. Die Praxis einer solchen Adaption gehört seit jeher zur direkten Demokratie und erlaubt den gewählten Volksvertretern einen gewissen Spielraum in der Interpretation des Volkswillens, vor allem dann, wenn menschenrechtliche Verpflichtungen zu berücksichtigen sind. Im konkreten Fall der „Ausschaffungsinitiative“ gestand das Parlament den Schweizer Gerichten für jeden Fall einen sogenannten Ermessensspielraum zu. Konkret würde es am Richter liegen und nicht an einem gesetzlichen Automatismus, ob jemand abgeschoben werden würde.

Dieser Interpretationsspielraum für das Parlament, eine Art Machtbalance zwischen Gesetzgeber und Volk, ist eine Besonderheit in der Schweiz und wurde bis dato nicht infrage gestellt. Jede Volksinitiative Wort für Wort in die Verfassung aufzunehmen, würde einem Absolutismus gleichkommen, der unabsehbare Folgen haben könnte. Zu differenziert, zu kompliziert sind oft die gesetzlichen Rahmenbedingungen, die man berücksichtigen muss, und dafür ist in der Schweiz eben das Parlament da, was aber auch nicht heißt, dass jede problematische Volksinitiative von diesem automatisch entschärft würde. Im Gegenteil, die im Ausland viel beachtete Volksinitiative zum Verbot des Baues von Minaretten wurde zum Beispiel direkt umgesetzt.

Aber es war genau dieser eben beschriebene, wichtige parlamentarische Spielraum, der der SVP ein Dorn im Auge war. Mit der „Durchsetzungsinitiative“ wollte man das Parlament zwingen, den Wortlaut der Initiative ohne Abwägung, ohne Berücksichtigung der konkreten rechtlichen Umstände Wort für Wort umzusetzen. Dies würde mit der gelebten Praxis brechen und der Verfassung Punkt für Punkt, Wort für Wort einen Text aufzwingen, der den Menschenrechten und dem Völkerrecht zuwiderliefe und den Ermessensspielraum der Gerichte untergraben würde. Unter den Ausländern zweiter und dritter Generation machte sich die Sorge breit, dass man fortan automatisch auch wegen eines Bagatelldelikts aus dem Land geworfen werden könnte.

Die Volksinitiative bildete damit einen Frontalangriff auf die Schweizer Verfassung und die viele Jahre gelebte Praxis erfolgreicher direkter Demokratie. Nur dass dieser Aspekt der breiten Öffentlichkeit nicht diskutiert wurde. Es drohte, dass wieder derselbe Fehler der Vergangenheit begangen würde, das heißt, dass man sich auf das Schlachtfeld der Rechtspopulisten locken lassen und nur über „kriminelle Ausländer“ diskutieren würde. Dabei zeigt die Kriminalstatistik, dass die Zahl der Kriminalfälle in der Schweiz seit Jahren rückläufig ist. Wenn überhaupt, dann hat die Schweiz ein Problem mit Kriminaltouristen, die sich illegal im Land aufhalten und die das Abschiebegesetz gar nicht betraf.

Die SVP hatte bei der Parlamentswahl am 18. Oktober 2015 ihr bisher bestes Ergebnis eingefahren. Die anderen Parteien waren vom Wahlkampf ermüdet und, nachdem es in der Schweiz keine öffentliche Parteienförderung gibt, auch finanziell am Ende. Auch dem angesehenen Zürcher Juristen und Präsidenten des Vereins *Unser Recht*, Ulrich E. Gut, gelang es bei einer ersten Lagebesprechung mit NGOs und politischen Gruppierungen am 26. Oktober 2015 nicht, jemanden zu motivieren, sich gegen die SVP zu stellen. Es fand sich in der Zivilgesellschaft niemand, der die Hoffnung hatte, etwas erreichen zu können, denn die öffentliche Meinung war offensichtlich aufseiten der SVP. Einzig und allein *Amnesty International* erklärte sich bereit, 10.000 Franken beizusteuern, falls sich ein überparteiliches, unabhängiges Komitee gegen die Durchsetzungsinitiative formieren würde.

Vielleicht war es aber auch die politische Selbstaufgabe und Ermattung nach Jahren, in denen es der SVP immer wieder gelungen war, ihre Meinungshoheit in der Schweiz über den gezielten Einsatz von Volksinitiativen auszubauen. Zu oft mussten sich politische Bewegungen eingestehen, dass sie auf das thematische Revier der SVP gelockt wurden und dort Geld, Zeit und Ressourcen für einen aussichtslosen Meinungskampf verschwendeten. Eine erste Meinungsumfrage am 10. November verstärkt diese Resignation des progressiven Lagers, denn sie weist für die Durchsetzungsinitiative eine 66-prozentige Zustimmung im Land aus. Der Kampf dagegen, und damit auch für lang bewährte Normen des Rechtsstaats und der Verfassung, schien den meisten aussichtslos. Als es zehn Tage später in der Berner FDP-Zentrale zu einem Treffen von Vertretern des bürgerlichen Lagers kam, ist auch Flavia Kleiner anwesend und findet die gleiche Resignation vor wie schon beim Treffen der Vertreter der Zivilgesellschaft. Es ist der Zeitpunkt, an dem sie spürte, dass entweder die *Operation Libero* die Führung eines überparteilichen NGO-Komitees übernehmen muss oder niemand es tun wird. „Ich wollte nicht in einem Land leben, in dem die Durchsetzungsinitiative kommt, und mir war klar, es zahlt sich aus zu kämpfen, auch wenn es aussichtslos schien."

Einige Wochen davor war einer ihrer wichtigsten Mitstreiter, Dominik Elser, aufgrund einer familiären Tragödie ausgefallen. Stefan Schlegel konnte seine Doktorarbeit nicht weiter aufschieben und pausierte im Herbst ebenfalls. Nur der 23-jährige Student Stefan Egli, der vor Kurzem zur Initiative gestoßen war, und Adrian Mahlstein konnten Flavia Kleiner in der aufwendigen und schwierigen Kampagne unterstützen. Nun machten sich die Monate an tiefer inhaltlicher Vorbereitung und Analyse bezahlt. Der Wert einer gelungenen politischen Kommunikation war Kleiner bewusst und sie war nicht bereit, heroisch in der Schlacht gegen die SVP unterzugehen. Bei der Durchsetzungsinitiative war es wichtig, mit den Leuten über den Rechtsstaat und seine Bedeutung für die Stabilität im Land zu sprechen. Es galt, mit anschaulichen Bildern dafür zu sensibilisieren, dass dieser Rechtsstaat in Gefahr war. Es half, dass Kleiner immer dafür plädiert hatte, dass die *Operation Libero* mit einer klaren, verständlichen Sprache auftritt. In diesem Bezug hätten sie ihre Eltern sehr geprägt, erzählt sie mir beim Frühstück in einem Café in Zürich. Ihr Mutter und ihr Vater hätten ihr früh klargemacht, dass es eine Tugend sei, sich verständlich auszudrücken. „In meiner Jugend habe ich meinen Eltern einmal gesagt, ich möchte gerne komplizierter sprechen und mehr Fremdwörter lernen. Mein Vater hat darauf recht empört reagiert und mir klargemacht, dass unsere Familie es nicht nötig hätte, andere Leute auf diese Weise zu beeindrucken.“ Die Eltern hatten oft Leute mit sozialen und wirtschaftlichen Schwierigkeiten bei sich zu Gast und standen diesen ehrenamtlich mit rechtlichem Beistand zur Seite.

➔ **Zugänglich bleiben für die Menschen auf der Straße, aber nicht aus Kalkül, sondern aus Überzeugung ist der Weg, um im politischen Wettkampf zu überzeugen.**

Eine klare Sprache hatte auch oberste Priorität für die Kampagne gegen die Durchsetzungsinitiative. Vor allem ging es darum, die bürgerliche Mitte zu gewinnen, denn diese Wählergruppe — das wusste Kleiner aus Umfragedaten - würde bei der Abstimmung entscheidend für den Ausgang sein. Im Bewusstsein um eine wirkungsvolle Bildsprache entstand ein Plakat, auf dem Helvetia - eine Frau gekleidet wie eine römische Göttin, Schweizer Nationalheilige und Symbol für Demokratie, Rechtsstaat und Grundrechte - getroffen von einer riesigen, schwarzen Abrissbirne mit der Aufschrift „Durchsetzungsinitiative“ darniederliegt, darunter die rot-weiße Schweizer Fahne und die Aufschrift „Zerstört Schweizer Werte“. Aber wie sollte man damit gegen eine SVP-Kampagne ankommen, die laut Schätzungen des Schweizer Politologen Laurent Bernhard ein Budget von 3,5 bis 4 Millionen Franken zur Verfügung hatte?

Die Zeit lief, nur knapp drei Monate verblieben noch, um ein Umschwenken der öffentlichen Meinung zu erreichen. Nun machte sich wiederum die Investition der *Liberos* in digitale Infrastruktur bezahlt. Zu einem Zeitpunkt, an dem manche Schweizer Kleinparteien ihre E-Mail-Verwaltung noch über Excel machten, hatte die *Operation Libero* unter Mahlsteins Leitung längst ein effizientes E-Mail-Verwaltungssystem eingerichtet und aktivierte von Anfang an die Online-Spendenfunktion über die eigene Webseite. Und Spenden würde man brauchen, wenn man der Plakatübermacht der SVP im öffentlichen Raum irgendetwas entgegensetzen wollte. Aus der Not machte die Initiative eine Tugend und motivierte Mitstreiter im ganzen Land, sich Flyer und Poster zu bestellen und diese in ihren Gemeinden selbst zu verbreiten.

Kleiner erinnert sich an einen Familienvater, der ihr schrieb, dass er mit seinen beiden Söhnen durch sein Wohnviertel gezogen war, um Flyer zu verteilen und nun noch weitere 50 Flyer für seinen Skiurlaub bestellen wollte, um sie im Urlaubsort in den Bergen auszuteilen. Am Ende hatte die kleine Druckerei in der Mittelschweiz allerhand zu tun und meldete Ende Dezember zurück, dass man im Moment gar nichts anderes mehr drucken könne als die „Nein-zur-Durchsetzungsinitiative"-Poster und -Flyer.

Mit „Online Warriors" den Rechtsstaat verteidigen

Natürlich ist eine Kampagne grundsätzlich eher Kommunikation in eine Richtung, aber Kleiner, Mahlstein und Egli schufen, wo sie nur konnten, die Möglichkeit mitzumachen. An einem der langen Dezemberabende im Kampagnenbüro erfanden die *Liberos* den „Online Warrior" und luden Mitstreiter dazu ein, in sozialen Netzwerken und auf Online-Kommentarseiten mit Fakten und inhaltlichen Erklärungen gegen die emotionale Stimmungsmache aufzutreten. „Wir haben den Leuten gesagt: ‚Du musst nicht in der Fußgängerzone deiner Stadt stehen, um für unsere Sache zu kämpfen, das kannst du auch abends, wenn du dich in deinen Computer einloggst.' So waren wir plötzlich auch für Leute zugänglich, die womöglich sonst nicht zu uns gestoßen wären", sagt Flavia Kleiner heute in der Nachbetrachtung der Ereignisse.

➔ Kampagnen und Bewegungen können online ganz neue Formen des Engagements ermöglichen und so Ehrenamtliche gewinnen, die wenig Interesse an herkömmlicher politischer Arbeit haben.

Die digitale Truppe half, die Reichweite der Kampagne enorm zu verbreitern, und ließ keine Behauptung der Gegner in Kommentarspalten und Facebook-Posts unbeantwortet. Davor hatten die SVP-Leute in diesen Foren immer die Oberhand, nun herrschte zumindest Gleichstand.

Kleiner kümmerte sich als Botschafterin nach außen um Medienkontakte. Mutig wie sie ist, hatte sie keine Scheu, auch auf Journalisten der Gratismedien und des Boulevards zuzugehen, auch wenn sie professionelle Medienarbeit bis dahin noch nie gemacht hatte. Die Gespräche schufen eine Vertrauensbasis zu den Journalisten. Kurz vor Weihnachten bekam Kleiner den Anruf einer Redakteurin einer viel gelesenen Gratiszeitung, die sie fragte, wie sie eigentlich ihren Lesern das Verhältnismäßigkeitsprinzip, der Grundsatz, dass Einschnitte in private Grundrechte genau abgewogen werden müssen, erklären sollte und warum ein Ermessensspielraum bei Kriminaldelikten von Ausländern für die Gerichte wichtig sei. Kleiner hatte sich auf solche Fragen vorbereitet und antwortete prompt und klar. Später wird sie mit ihrer Warnung „Der Richter als Automat, so etwas gibt es sonst nur in der Scharia" Schlagzeilen machen. So veranschaulichte sie, dass Richter bei Erfolg der Durchsetzungsinitiative nicht mehr nach besonderen Umständen urteilen dürften, sondern immer ein Abschiebungsautomatismus zum Zug käme. Ein Apfeldiebstahl eines jugendlichen Migranten würde genauso automatisch zur Abschiebung führen wie ein schweres Delikt, ohne dass die Justiz auf besondere Umstände Rücksicht nehmen könnte.

Die Informationen mittels klarer Bilder begannen langsam Wirkung zu zeigen und zu Weihnachten 2015 trafen die ersten Spenden ein. Bis zum Ende der Kampagne erreichte der so eingenommene Betrag 300.000 Franken. Bei den älteren Wählern war es die bedrängte Figur der Helvetia, bei den Jüngeren waren es beispielgebende Geschichten, wie die eines ausländischen Schulkollegen, der wegen eines Jugendstreiches das Land verlassen muss, die erstmals Bewegung in die Meinungsumfragen brachten. Dabei blieb die *Operation Libero* bei ihrem Leitsatz und ihrer Überzeugung, dass Inhalte immer zuerst kommen. Man wollte packend und überzeugend kommunizieren, ohne an den Fakten zu sparen. Schon von Anfang an wäre klar gewesen, erläutert Dominik Elser im Gespräch, dass „die Parteien ihre Inhalte zusammengekürzt haben, weil sie glaubten, dass diese dem Bürger nicht zuzutrauen sind. Wir waren von Anfang an überzeugt, dass man mit korrekter Recherche und Fakten überzeugen kann, wenn man will". Als die SVP Anfang Jänner 2016 ein Extrablatt zur Durchsetzungsinitiative an mehr als zwei Millionen Schweizer Haushalte verschicken ließ, kam die *Operation Libero* schon am Tag danach mit den fünf größten Lügen des Postwurfs heraus.

Mittlerweile war das Team der Kampagne auf sieben ehrenamtliche Mitstreiter angewachsen. Die flachen Hierarchien, dass sich jeder einbringen kann, und der Kampfgeist von Flavia Kleiner sorgten für Bewegung. Es war ein Student, der erst ein paar Tage bei der Kampagne war, der die Idee hatte, die Lügen der SVP zu entlarven. Er legte eine Nachtschicht ein, um penibel zu recherchieren, wo die SVP log. Am Morgen checkte eine Juristin die Gegendarstellung und dann ging die Recherche über alle Kanäle hinaus.

Der Kampf zahlte sich aus. Ende Jänner bröckelte die Zustimmung zur SVP-Initiative und in einer aktuellen Umfrage des Mediums *20 Minuten* stand es damals 48 Prozent gegen die Initiative und 51 Prozent dafür, bei nur einem Prozent Unentschlossenen. Das machte der kleinen Truppe weiter Mut. Kleiner rannte weiter und motivierte ihr Team für den Endspurt; eine Niederlage durfte es für sie nicht geben. Endlich wagte sich auch das bürgerliche Lager aus der Deckung und prominente Politiker der Schweizer FDP deklarierten sich für Rechtsstaat und Unabhängigkeit der Justiz. Anfang Februar meldete sich der Spross einer bekannten Schweizer Millionärsfamilie per SMS bei Kleiner und bot seine finanzielle Unterstützung an. Zwei Tage später konnte die Kampagne gegen die Durchsetzungsinitiative mit Helvetia unter der Abrissbirne auf großen digitalen Anzeigenfeldern auf den Bahnhöfen der Schweiz werben.

Während sich die Stimmung im Land wendete, wurde die Kampagne der *Operation Libero* immer präsenter. Alle redeten über die Verfassung und niemand mehr über die Ausländer, wunderte sich ein bekannter SVP-Politiker am Ende einer Fernsehdebatte, in der sich Kleiner bravourös geschlagen hatte. Silvan Gisler hatte wochenlang mitgeholfen, die Studentin für die Medienauftritte zu trainieren und für jedes Positionspapier gab es zehn Seiten mit Fragen und Antworten, um auf jede Eventualität in einer Debatte vorbereitet zu sein. Fakten, eine andere, lebendigere Form der Übersetzung von Inhalten, den Werten des Gegners eigene gegenüberzustellen: Mit dieser Strategie reichte die Strahlkraft der Kampagne viel weiter als ihr Budget und Netzwerk. Die *Operation Libero* brachte eine neue Sprache und Denkweise in die Debatte und das war auch für Journalisten interessant, die viele der Interpretationen und Beispiele daraus aufgriffen. Dabei machten Kleiner und ihre Mitstreiter nie den Fehler, dem politischen Gegner Zynismus zu unterstellen und damit auch dessen Unterstützer zu entwerten, wie es die Gegner anderer populistischer Strömungen oft allzu leichtfertig tun. Auch die SVP hatte ihren Wertekanon und wollte aus ihrer Sicht das Beste für das Land, das konnte man schon anerkennen. Die *Operation Libero* hatte vom Gegner gelernt und brachte es erstmals in der breiten Kampagne gegen die Durchsetzungsinitiative zur Anwendung. Der Mythos der unbesiegbaren SVP begann zu bröckeln.

Die *Operation Libero* hat ihre Offenheit und Niederschwelligkeit für junge Leute, die sich engagieren möchten, beibehalten. Effizientes Zeitmanagement und die Überzeugung, mit ihrem Aufwand etwas bewegen zu können, sei diesen Leuten wichtig, meint Dominik Elser in Bezug auf das Thema Engagement heute und ergänzt: „Wir Jungen haben keine Lust, unsere Zeit für Dinge zu verschwenden, bei denen nichts herausschaut." Die Kampagnen der *Operation Libero* werden von ehrenamtlichen Kampagnenmanagern geleitet. Wenn einem Mitglied zum Beispiel der Kampf gegen das Burkaverbot ein besonderes Anliegen ist und die Argumentation passt, dann kann sie sich gleich selbst aktiv einbringen. Bei Parteien oder anderen Organisationen wäre so jemand wahrscheinlich ausgestiegen, deshalb zwingt man die Engagierten nicht in Themen, für die sie nicht brennen. Die Menschen sind vielleicht nicht politikmüde, sondern wollen sich einfach anders einbringen können.

➔ Die Angebote politischer Bewegungen müssen themenbezogener und flexibler werden, um die junge Generation zum Mitmachen zu gewinnen.

Interessant ist auch, dass die *Operation Libero* mit einer defensiven und bewahrenden Haltung punkten kann, denn früher brauchten solche

Bewegungen ein idealistisches Ziel, das sie zusammenbringt. Die linken 1968er wollten Veränderung, heute ist es in Ordnung, zu bewähren, anstatt zu zerstören.

Mit Werten Menschen bewegen und begeistern

Die *Operation Libero* beweist, dass man über Werte am Ende für die Rechtsstaatlichkeit und Verfassungstreue mobilisieren kann. Gleichzeitig belegt schon die Existenz einer solchen Initiative, dass sogar das über Jahrzehnte erfolgreiche Modell der direkten Demokratie in der Schweiz reformbedürftig ist. Auch wenn es anderswo von Politikern und Journalisten noch immer als Erfolgsmodell gefeiert wird, sollte man sich die Abstimmungen der letzten zwei Jahrzehnte in der Schweiz auf nationaler Ebene genauer anschauen. Das Instrument der Volksinitiative war nie dafür gedacht, als Kampagneninstrument der Parteien missbraucht zu werden, sondern sollte Bürgerinnen und Bürgern außerhalb der Parteien dazu dienen, wichtige Anliegen, die im Parlament kein Gehör finden, zu einer Entscheidung zu bringen.

Noch immer war in den Tagen vor der Abstimmung zur Durchsetzungsinitiative unklar, ob die kleine Truppe an engagierten Anfängern mit einer guten Datenbank und Begeisterungsfähigkeit der SVP ihre erste Niederlage zufügen würde. Fünf Tage vor der Abstimmung setzte sich Constantin Seibt vor den Computer und betitelte sein Porträt der Studentin Flavia Kleiner mit „Der Albtraum der SVP“. In knappen Worten beschrieb er eine Kampagne, „die die Schweiz so noch nie gesehen hat“. Laut Seibt waren ihr Motor „nicht Parteien und Verbände, sondern zivile Einzelpersonen ... Das Herz der Kampagne ist eine Organisation einer neuen Art von Politikern: smarte, erbarmungslos höfliche, erbarmungslos präzise Studenten“. Am Sonntag, den 28. Februar 2016, lehnte das Schweizer Volk mit 58,9 Prozent Nein-Stimmen die Durchsetzungsinitiative der SVP ab.

Ich bin zum Ende meines Interviews mit Constantin Seibt gekommen. Ein Kollege des Gründungsteams der *Republik* hat neben uns Platz genommen und drängt zur nächsten Besprechung. „Wissen Sie“, meint

Seibt mit einer gewissen Sentimentalität zum Abschied, „die Welt bewegt sich in Sprüngen fort, die entstehen, wenn Leute handeln. *Libero* war ein kleines Wunder und es passierte das Unwahrscheinliche. Noch im Dezember 2015 war die SVP unschlagbar und dann ... Wissen Sie, es waren die jungen Leute von *Libero*, die auch mir Mut machten, mit der *Republik* etwas Neues zu wagen.“

DEN BÜRGER FÜR VOLL NEHMEN

Wie ein erzkatholisches Land als erstes weltweit überraschend für die „Ehe für alle" stimmt und dabei zum Musterland der Demokratiereform wird und wie Bürger wie du und ich für die Politik die heißen Kartoffeln aus dem Feuer holen.

Ich beginne meinen ersten Tag in Dublin mit einem Frühstück, das mir die liebenswürdige Haushälterin des *Trinity College* im Zentrum von Dublin serviert. Im Radio läuft, wie es sich für ein gutes katholisches Land gehört, „Ave Maria" und die ersten Sonnenstrahlen bescheinen den Rasen des Rugbyfelds des Universitätssportklubs vor dem Frühstückszimmer. Ich genieße meinen Frühstücksspeck und mein Spiegelei „Sunny Side Up" auf feinem Porzellan und mit altem Tafelsilber. Durch einen Bekannten, der als Studentenseelsorger an der Universität arbeitete, habe ich die Gelegenheit bekommen, im eleganten Gästehaus dieser altehrwürdigen Universität, die 1592 unter Königin Elizabeth I. gegründet worden war, unterzukommen. Hier wurde, ähnlich wie in Oxford und in Cambridge, über Jahrhunderte die Elite des Landes ausgebildet. Das *Trinity College* in Dublin ist auch heute noch die wichtigste Forschungseinrichtung und Universität Irlands.

An meinem Frühstückstisch nimmt ein anderer Herr Platz, der, wie sich im Gespräch herausstellt, Medizinprofessor in London ist und für eine Konferenz in Dublin weilt. Mein Gespräch mit dem großgewachsenen Arzt führt uns natürlich zum Brexit und seinen Folgen für das Vereinigte Königreich und Europa. Ich kann die Wut und den Ärger meines Tischgenossen über dieses folgenschwere Ereignis gut nachvollziehen, war doch die Volksabstimmung im Jahr 2016 ein Paradebeispiel dafür, wie direkte Demokratie missbraucht werden kann, wenn alle Grundregeln der Beteiligung missachtet werden.

Ursprünglich hatte sich Premierminister David Cameron ausgerechnet, mit einem zu erwartenden Sieg im Referendum ein stärkeres Verhandlungsmandat in Brüssel zu bekommen und gleichzeitig seine internen Kritiker und die EU-Gegner in der konservativen Partei zum Schweigen zu bringen. Doch es war, wie wir nun alle wissen, ein politisches Hasardspiel. Die Folgen dieser Volksabstimmung sind auch jetzt, mehr als ein Jahr danach, für Europa und das UK schwer abschätzbar. „Ich bin vor allem wütend auf die Bürger meines Landes. Wie kann man nur so dumm und unreflektiert agieren? Solche Entscheidungen über die Zukunft eines Landes kann man nicht einfach den Leuten überlassen, dafür wählen wir doch Politiker“, meint mein Gesprächspartner, bevor er sich wieder der Beantwortung seiner E-Mails auf seinem Telefon zuwandte.

Ich hatte das Argument seit der Wahl Trumps und dem Brexit schon öfter gehört. Ja, haben wir uns nicht alle einmal bei dem Gedanken erwischt, dass wir unsere Mitbürger nicht ganz für voll nehmen und ihnen nicht wirklich zutrauen, gute Entscheidungen über die Zukunft unserer Gesellschaft zu treffen? Die Ansicht, dass die fehlende Mündigkeit der Mehrheit der wahre Ursprung der Krise der Demokratie sei, manifestiert sich mittlerweile auf den Kommentarseiten angesehener Zeitungen und in Publikationen, wie etwa im kürzlich auf Deutsch erschienenen Buch des US-amerikanischen Politiktheoretikers Jason Brennan, „Gegen Demokratie: Warum wir die Politik nicht den Unvernünftigen überlassen dürfen.“ Brennan, der an der Georgetown University in Washington unterrichtet und sich zur radikal freiheitsgläubigen Denkrichtung der Libertären zählt, sieht das Problem der Demokratie in der Unmündigkeit der Wähler und fragt sich, wie die Macht der am wenigsten informierten Wähler verringert beziehungsweise die Macht der besser Informierten vergrößert werden könnte. Brennans Antwort ist die Einführung einer Epistokratie, der Herrschaft der Philosophen oder der Wissenden. Das Abschneiden bei einem Test zu politischem Grundwissen sollte der Ansicht Brennans nach darüber entscheiden, ob jemand wählen dürfe oder nicht. Die Krise der Demokratie auf die Ignoranz des einzelnen Wählers zu reduzieren, wie Brennan skizziert, ist aber kurzsichtig.

Ich war nach Dublin gekommen, um die Geschichte einer Initiative zu erkunden, die nicht nur Brennans Thesen widerlegt, sondern vielleicht auch meinen Tischnachbarn überzeugt hätte, einfachen Bürgern mehr Vertrauen zu schenken. Irland ist ein Land mit einer alten Kultur, aber eine relativ junge Republik. Erst 1922, nach einem Unabhängigkeitskrieg gegen England, entstand ein eigenständiges Irland. Die Väter – ja es waren leider allesamt Männer – der irischen Republik sahen sich nach unterschiedlichen Inspirationen für die erste Verfassung des Landes um. In vielem war die Weimarer Verfassung beispielgebend, doch in Bezug auf Volksabstimmungen nahm man sich die Schweiz zum Vorbild. So kam es, dass sowohl in der ersten Verfassung von 1922 als auch in der bis heute gültigen Version von 1937 steht, dass Verfassungsänderungen in Irland nur per gültigem Volksentscheid durchgeführt werden können. Auf Gälisch heißt die Verfassung übrigens *Bunreacht na hÉireann.* Diese und auch alle anderen Bezeichnungen in dieser Sprache, denen man auf den Verkehrsschildern und öffentlichen Hinweistafeln überall im Land begegnet, blieben für mich unaussprechlich. Aber ich war ja auch nicht nach Irland gekommen, um die Sprache der Kelten zu lernen.

Seit der Staatsgründung hat Irland 30 Volksabstimmungen erlebt, manche davon waren aufgrund der Europäischen Verträge im Rahmen der Europäischen Union, in der Irland seit 1972 Mitglied ist, notwendig geworden. Die bisher weitreichendste Abstimmung betraf die Einführung eines Verfassungsparagrafen zum Schutz des ungeborenen Lebens im Jahr 1983. Eine Kampagne von klerikal-konservativen Kräften hatte die Regierung damals überzeugt, ein Referendum zu dieser Frage abzuhalten, weil man fürchtete, dass die liberale Abtreibungspolitik aus den USA, die vor allem Gerichtsentscheide vorangebracht hatten, nach Irland überschwappen könnte. Die Abtreibungsgegner waren erfolgreich und Irland führte eines der strengsten Abtreibungsverbote in Europa ein. Kein anderes Thema hat die irische Gesellschaft seither mehr gespalten als dieses. Auf der einen Seite stand die sogenannte Pro-Life-Bewegung mit fundamental-christlich geprägten Werten und auf der anderen die Pro-Choice-Bewegung, die die Rechte der Frauen in den Vordergrund stellte. Mit jedem Jahr wurden die Gräben zwischen diesen Lagern tiefer und die Politik traute sich nicht mehr, dieses Thema anzufassen. Dass ausgerechnet eine Bürgerversammlung im Jahr 2017 einen sachlich fundierten Vorschlag erarbeiten konnte, wie Irland das Thema Abtreibung fortan regeln sollte, setzte voraus, dass die Politik überhaupt bereit war, ein solches Forum einzurichten. Dass das möglich war, hängt wiederum mit der tiefen wirtschaftlichen und politischen Krise zusammen, die Irland nach 2008 erfasste.

Der keltische Tiger in der Krise

In den ersten Jahren des neuen Jahrtausends erlebte Irland einen beispiellosen Aufstieg und glänzte durch hervorragende Wirtschaftszahlen. Niedrige Steuern und ein freizügiges, regulatorisches Umfeld nutzten nicht nur die Billigfluglinie *Ryanair*, sondern auch internationale Konzerne und die Bauindustrie. Auch viele Bürger der Mittelschicht verschuldeten sich mit günstigen Krediten, um vom Wohnungsboom und steigenden Immobilienpreisen zu profitieren. Was auf der einen Seite als Erfolgsmodell des „keltischen Tigers" präsentiert wurde, hatte auch Schattenseiten. Die Korruption stieg und viele verfielen dem Glauben an die Allmacht des Markts. Und so erlebte Irland mit der Finanzkrise 2008 einen tiefen Fall. Banken kollabierten, die Staatsschulden schossen in die Höhe und das Land wurde vom *Internationalen Währungsfonds* unter Aufsicht gestellt. Die irische Krise war aber auch eine Krise des politischen Systems. In einer Eurobarometer-Umfrage des Jahres 2009 wies die irische

Bevölkerung europaweit einen der niedrigsten Werte auf, was das Vertrauen in politische Institutionen betraf. Nur die Ungarn, Letten, Litauer und Griechen hatten noch weniger Vertrauen in ihre Eliten. Ein Grund dafür war, dass Irland neben Griechenland traditionell eine übermäßig starke Regierung und erwiesenermaßen das schwächste Parlament in Europa hatte. Irlands Regierungen konnten über Jahrzehnte schalten und walten, wie sie wollten, ohne dabei effektiv kontrolliert zu werden.

Wie vielen anderen Bürgerinnen und Bürgern des Landes waren auch dem Politologen David Farrell und der Medienwissenschaftlerin Jane Suiter klar, dass sich im System fundamental etwas ändern müsste, damit Menschen wieder Vertrauen in die Politik bekämen und der Stillstand im Land überwindbar würde. David Farrell war 2009 nach über 20 Jahren als Professor an der Universität Manchester durch ein Jobangebot des *University College Dublin* (UCD) nach Irland zurückgekehrt und vom Ausmaß der Krise entsetzt. Alte Bekannte verloren reihenweise ihre Arbeit oder konnten ihre Hauskredite nicht mehr bedienen. Gleichzeitig entdeckte er zu seiner Überraschung noch etwas: Irische Wirtschaftswissenschaftler taten ihre Politikempfehlungen plötzlich kund und nahmen damit direkt Einfluss auf die öffentliche Debatte. Für ihn war dies ein Signal, dass es an der Zeit war, dass sich nun auch die Politikwissenschaftler aus ihrer Blase herauswagten und aktiv Vorschläge zur Demokratiereform machten.

Einen Prototyp bauen

Als mir David Farrell seine Geschichte erzählt, sitzen wir in der Bar des traditionsreichen *Buswell Hotel*, einen Katzensprung vom Irischen Parlament entfernt, das gerade renoviert wird. Farrell hatte 2009 auch eine Art Renovierung im Kopf, die die irische Demokratie beleben und die Kluft zwischen Politik und Bürgerschaft schließen sollte. Als angesehener Wahlrechtsexperte war er im Jahr 2004 zu einem Vortrag in die kanadische Provinz British Columbia eingeladen worden und hatte dort ein spannendes Demokratieexperiment erlebt. 160 Bürgerinnen und Bürger waren per Losverfahren, das heißt Zufallsprinzip, von der Regierung ausgewählt worden, um in Beratungen und Expertenhearings an mehreren Wochenenden Empfehlungen für ein neues Wahlrecht in der westlichsten Provinz Kanadas abzugeben. Im Fachjargon nennt man das ein deliberatives Verfahren, für welches der US-Politikwissenschaftler James S. Fishkin in den 1980er-Jahren mit seiner Theorie zur „Deliberativen Demokratie“ die Grundlage lieferte. Die sogenannte „Bürgerversammlung“ tagte unter der einfachen Prämisse, dass Bürger aus allen sozialen Schichten gemeinsam in der Lage sind, zukunftsweisende Politikempfehlungen zu machen. „Nun ist Wahlrecht wirklich keine einfache Materie, umso mehr war ich bei diesem Verfahren davon beeindruckt, mit welcher Leidenschaft und Sachlichkeit die Bürger an ihre Aufgabe herangingen“, erinnert sich Farrell. Er war davon überzeugt, dass dieses Modell einer Bürgerversammlung für Irland geradezu prädestiniert wäre, um einen umfassenden Reformprozess in Gang zu bringen. In Jane Suiter fand Farrell eine versierte und gut vernetzte Mitstreiterin. Gemeinsam mit einer Gruppe anderer Akademiker machten sie sich an die Arbeit, um das Modell der Bürgerversammlung in Irland zu etablieren. Suiter hatte politische Kampagnenarbeit schon als Jugendliche in der Familie mitbekommen, als ihr Stiefvater in der zivilgesellschaftlichen Kampagne für das Recht auf Scheidung, aktiv war.

Es war ein glücklicher Zufall, dass gerade in diesen Krisenjahren die Stiftung *The Atlantic Philanthropies* von Chuck Feeney, einem US-Milliardär mit irischen Wurzeln, in Irland aktiv wurde. Der 1931 in New York geborene Feeney hatte sein Vermögen ursprünglich mit Duty-free-Shops an Flughäfen in den USA und später weltweit verdient und sich schon 1982 entschieden, sein gesamtes Vermögen von 8 Milliarden Dollar noch zu Lebzeiten sukzessive gemeinnützigen Zwecken zukommen zu lassen. Mittlerweile hat Feeney sein Versprechen eingelöst und lebt mit einem Restbetrag von 2 Millionen Dollar in einem gemieteten Apartment in San Francisco. Farrell, Suiter und ihre Mitstreiter unterbreiteten Feeneys Stiftung den Vorschlag, eine erste

Bürgerversammlung in Irland nach dem Vorbild von British Columbia durchzuführen. So wollten sie der Politik und der breiteren Öffentlichkeit beweisen, dass es sich hierbei nicht um eine verrückte Idee, sondern um einen konkreten Beitrag zur besseren Entscheidungsfindung in der Gesellschaft handelte.

Am 25./26. Juni 2011 trafen 100 Bürgerinnen und Bürger durch die Initiative „We the Citizens“ zusammen und berieten unter Begleitung eines Moderatorenteams und Experten zu politischen Reformen und dem Thema Steuern. Der gesamte Prozess wurde gut dokumentiert, wissenschaftlich begleitet und im Internet auf der Webseite der Stiftung abrufbar gemacht. Die Ergebnisse waren, genauso wie in Kanada, erstaunlich: Die Bürger hatten gemeinsam an einem Konsens gearbeitet und sinnvolle Empfehlungen für Politikreformen gemacht und sich überraschenderweise auch für eine Beibehaltung und nicht Senkung der irischen Steuerquote ausgesprochen. Eine Mitstreiterin mit guten Kontakten in die Politik half mit, das nun ausgereifte Konzept der Bürgerversammlung an Parlamentarier und Parteiverantwortliche zu „verkaufen“. Der Bericht zur ersten unabhängigen Bürgerversammlung war in allen Gesprächen mit Vertretern der unterschiedlichen Parteien ein gewichtiges Argument für die Einführung einer landesweiten Bürgerversammlung zu Reformfragen. Aber auch die Medien galt es zu überzeugen, denn viele Innenpolitikjournalisten standen der Idee, Bürger an schwierigen Politikthemen arbeiten zu lassen, skeptisch gegenüber. Zu komplex seien die Fragen um Verfassungsthemen und zu emotional die Themen „Homosexuellenehe“ oder „Abtreibung“, um sie einfachen Bürgern zu überlassen, so der Tenor. Darüber hinaus meinten viele kritische Medienvertreter, es sei viel zu einfach, die Beratungen von Bürgern in Kleingruppen zu manipulieren, was gar nicht so unwahr ist, denn es besteht in solchen Diskussionsprozessen die reale Gefahr, dass das Phänomen des sogenannten „Group Think“ auftritt.

Diese Dynamik greift immer dann um sich, wenn die Ansichten einer Gruppe schon im Vorhinein zu homogen sind, oder eine ausgleichende Moderation fehlt und gewisse extreme Ansichten zu viel Raum und Aufmerksamkeit bekommen. Gruppen, die schon über extreme Ansichten verfügen, haben eine Tendenz, sich in „Diskussionsprozessen", die über eine Zeit laufen, weiter zu radikalisieren. Die Treiber des Phänomens sind zum einen der eingeschränkte Pool an Sichtweisen in solchen Gruppen und zum anderen unser Wunsch in der eigenen Gruppe, das Gesicht nicht zu verlieren oder im Idealfall von anderen Mitgliedern der Gruppe wohlwollend gesehen zu werden. Dominante Meinungen werden im „Group Think" am Ende weniger hinterfragt und dort, wo Sichtweisen sehr eingeschränkt oder verzerrt sind, wird das Ergebnis oft in extreme Richtungen tendieren. Das Verständnis von „Group-Think-Dynamiken" erklärt auch so manche Polarisierung in religiösen Sekten, kriminellen Verschwörungen oder extremistischen Parteien.

➔ In Gruppenprozessen gibt es die Gefahr von „Group Think", einer Dynamik der Radikalisierung von Meinungen in Gruppen. Die Sicherstellung von Heterogenität, einer Vielfalt von Sichtweisen, ist unabdingbar, um „Group Think" zu vermeiden.

Von der Theorie in die Praxis gehen

Jane Suiter, die früher als Wirtschaftskorrespondentin tätig war, nutzte ihren guten Draht zu ehemaligen Kollegen, um für das Konzept der Bürgerversammlung zu werben. Es half sicher auch, dass ihr ehemaliger Arbeitgeber, die angesehene *Irish Times*, im Jahr 2010 unter dem Titel „Renewing the Republic" eine groß angelegte Serie zur Demokratiereform herausbrachte. Damit schaffte man mehr Bewusstsein für Erneuerungen und Möglichkeiten der Bürgerbeteiligung. Es ist trotzdem erstaunlich, dass es Farrell und Suiter im Wahljahr 2011 gelungen war, alle irischen Parlamentsparteien davon zu überzeugen, irgendeine Variante ihres Konzepts von Bürgerversammlung in ihr jeweiliges Wahlprogramm aufzunehmen. Nach der Wahl und der Regierungsbildung zwischen *Fine Gael* unter der Führung von Premierminister Enda Kenny und Vizepremier Eamon Gilmore von der *Labour Party* ging es Schlag auf Schlag, als die nun politisch Verantwortlichen sich entschieden, eine erste Bürgerversammlung zu Verfassungsreformfragen einzusetzen.

„Beinahe wäre dann noch alles schiefgegangen, wo wir doch so nah am Ziel waren", erzählt Suiter bei unserem Treffen in einer gemütlichen Dubliner Buchhandlung. Die Regierung hatte ursprünglich einen Beamten für die Umsetzung der ersten Bürgerversammlung Irlands nominieren wollen, der mit Bürgerbeteiligung so gar nichts am Hut hatte. Ein solches Unterfangen, das unter kritischer Beobachtung der Medien stand, die nur darauf warteten, dass man scheiterte, brauchte echte Profis und verantwortungsvolle Begleitung.

➔ Die unabhängige Begleitung und Moderation von deliberativen Verfahren ist unabdingbar für ihren Erfolg. Alle Beteiligten müssen zu Wort kommen und einzelne Meinungen dürfen nicht dominieren.

Hinter den Kulissen wurde erfolgreich interveniert und Tom Arnold, bis zu diesem Zeitpunkt Vorstand der größten irischen Hilfsorganisation *Concern*, der die Verwaltung als früherer Spitzenbeamter gut kannte, wurde als Vorsitzender der ersten sogenannten „Convention on the Constitution" nominiert. Ihm zur Seite stand Art O'Leary, heute Kabinettschef des irischen Präsidenten. Beide waren offen für den Rat und die wissenschaftlichen Inputs des Expertengremiums, dem Farrell und Suiter angehörten und das den Prozess begleiten sollte.

Anders als in den bisher weltweit umgesetzten Bürgerversammlungen hatte sich die Regierung aber entschieden, dass neben per Zufallsprinzip ausgewählten 66 Bürgern auch 33 Parlamentarier aller Parteien an den Versammlungen teilnehmen sollten. Damit sollte auch die Politik ein besseres Verständnis vom Format und den Fähigkeiten der Teilnehmer bekommen. Eine sogenannte qualifizierte Zufallsauswahl stellte sicher, dass Vertreter aus allen sozialen Schichten, repräsentativ für die Bevölkerung Irlands, an der Versammlung teilnehmen würden.

In einer Parlamentsresolution im Juli 2012 wurden die Themen und Fragestellungen der ersten Bürgerversammlung festgelegt. Die insgesamt acht Verfassungsreformthemen, die die Regierung an die Bürgerversammlung weitergab, waren eine bunte Mischung. Sie enthielten die Frage nach der Senkung des Wahlalters auf 17 Jahre und ob man irischen Staatsbürgern die Möglichkeit geben sollte, an Botschaften im Ausland zu wählen, waren ebenso darunter wie breitere Themen, etwa die Rolle der Frau in der Politik. Die heißeste Kartoffel war aber die Frage nach der gleichgeschlechtlichen Ehe.

Die Bedeutung eines von politischer Einflussnahme unabhängigen Vorsitzenden, wie Tom Arnold, wurde gleich am ersten Sitzungswochenende klar, als einige Politiker, Mitglieder der Senatskammer, unbedingt die Frage nach der Reform des Zweikammersystems auf die Agenda der Versammlung bringen wollten. Arnold gab Raum für eine Diskussion, in der unterschiedliche Standpunkte diskutiert wurden, und bat die Mitglieder der Versammlung dann, über den Vorschlag abzustimmen. Das Ansinnen einiger weniger von Anfang an die Agenda der Versammlung zu bestimmen, wurde abgeschmettert. Arnold stellte auch von Beginn an wichtige Grundprinzipien der Arbeit der Versammlung auf, auf die man sich in kritischen Situationen immer berufen konnte. Diese waren Offenheit, Fairness, Effizienz und Kollegialität. Über allem stand, dass alle Teilnehmer das gleiche Recht hatten, sich einzubringen und gehört zu werden. „Letzteres war nicht zu unterschätzen“, erzählt mir Arnold, den ich mit seinem weißen Rauschebart und freundlichen Lächeln am liebsten gleich als Großvater adoptieren würde, als wir uns in Dublin begegnen. „Die Leute verbrachten ja viele Wochenenden in Verhandlungen und Diskussionen miteinander, da war es wichtig, immer darauf zu achten, dass nicht Einzelne die Gespräche dominierten.“ Aber auch der soziale Aspekt war von Bedeutung und so wurde darauf geachtet, dass sich die Teilnehmer in den Pausen und an den Abenden beim gemeinsamen Essen oder beim jeweiligen Auftaktempfang vor jedem Sitzungswochenende ungezwungen begegnen konnten.

Viele Medien und Kampagnenorganisationen nahmen der Regierung nicht ab, dass sie das Thema „Ehe für alle“ auf dem Weg einer Bürgerversammlung ernsthaft angehen wollte. Man sah die Beratungen vielmehr als Verzögerungstaktik. Doch die Bürgerinnen und Bürger widerlegten alle Zweifel und schlugen gemeinsam der Regierung und dem Parlament eine umfassende Reform der Verfassung, der Gesetzgebung und die Einführung der gleichgeschlechtlichen Ehe vor. Die wichtigsten Empfehlungen der Diskussionen wurden am Ende eines April-Wochenendes 2013 zu Papier und dann in geheimer Wahl zur Abstimmung gebracht. Die Resolution der Versammlung wurde mit 79 Stimmen bei 19 Gegenstimmen und einer Enthaltung angenommen. Enda Kenny, Premierminister und Parteivorsitzender der Christlichsozialen, hätte dieses Thema von sich aus nie zu einer Volksabstimmung gebracht; durch das klare Votum der Bürgerversammlung sah er sich aber nun dazu gezwungen. Am 22. Mai 2015 stimmten 62 Prozent der Wahlbeteiligten für die Einführung der gleichgeschlechtlichen Ehe.

Niemals davor hatte ein Land seine Verfassung auf Basis von Beratungen durch per Los ausgewählte Bürger aus allen sozialen Schichten und Landesteilen geändert. Das Misstrauen gegenüber dem Verfahren begann zu bröckeln. Schon im März 2014 hatte die Versammlung ihre Arbeit beendetet und sich aufgelöst. Im Abschlussbericht empfahlen die Bürger und Politiker der Regierung die Fortführung beziehungsweise eine Neuauflage der Bürgerversammlung nach den Parlamentswahlen 2016. Als sich die neue Regierung, abermals unter der Führung von Premierminister Enda Kenny, dafür entschied, dieser Empfehlung zu folgen, kam dies dennoch für viele überraschend. Bei meinem Besuch in Irland Anfang November 2017 empfängt mich Kenny als einfacher Parlamentsabgeordneter, nachdem er sein Amt im Sommer an seinen Nachfolger übergeben hatte, und beteuerte, dass diese Entscheidung alleine aufgrund des Erfolgs der ersten Versammlung gefallen wäre. Es kann aber auch damit zusammenhängen, dass Kenny nach 2016 mit einer Minderheitsregierung und damit unter schwierigen politischen Rahmenbedingungen in die zweite Amtszeit ging und noch mehr Reformstau als vorher drohte.

Die Geschichte der „Citizen Assembly“

Die erste Bürgerversammlung *Convention on the Constitution* hatte gezeigt, dass die Teilnehmer das Gemeinsame über das Trennende stellen konnten, wenn es um schwierige Verfassungsfragen ging. Die wirkliche Feuerprobe für diese demokratiepolitische Innovation würde aber erst in der zweiten Auflage kommen. In dieser sollten erstmals 99 Bürgerinnen und Bürger ohne Politiker an Verfassungsfragen und Zukunftsthemen arbeiten. Umso wichtiger war es, dass auch für die Durchführung dieser neuen Bürgerversammlung, nun *Citizen Assembly* genannt, mit der angesehenen Richterin Mary Laffoy eine unabhängige Vorsitzende gefunden werden konnte. Ihr zur Seite wurde die Spitzenbeamtin Sharon Finegan gestellt. Letztere macht schon in den ersten Minuten unseres Gesprächs in ihrem schlichten Büro in einem Amtsgebäude am Ende der O'Connor Street im Zentrum von Dublin einen besonderen Eindruck auf mich. Einen Steinwurf vom Nationaldenkmal, das an den Osteraufstand von 1916 erinnert, entfernt, kümmert sich nun Finegan 100 Jahre danach mit einem Team aus sieben Leuten und mit einem Budget von knapp einer Million Euro darum, den reibungslosen Ablauf und die Organisation der Bürgerversammlungen zu garantieren.

Von Anfang an war für Sharon Finegan klar, dass die *Assembly* auf Überparteilichkeit, volle Transparenz und eine klare Außenkommunikation zu allen Prozessen und Verfahren setzen musste. Nur so hatte das Verfahren eine Chance, sich gegen äußerst kritische Medien, eine skeptische Öffentlichkeit und gegnerische Aktivistenbewegungen zu behaupten. Die Regierung hatte unter die fünf Reformthemen nämlich auch das politische Spaltthema schlechthin, das Abtreibungsthema, gemischt. Enge Freunde und Wegbegleiter hatten Finegan zuvor abgeraten, den Job als Leiterin des Sekretariats der *Assembly* anzunehmen, denn mit so einem Thema könne man nur verlieren, so gut der Prozess auch sein würde, meinten diese. Zu aufgeheizt wäre das politische Klima, zu aggressiv die beiden Seiten, die pro und contra Abtreibung lobbyierten, und zu skeptisch die Journalisten. Sharon Finegan entschied sich gegen den Rat ihrer Freunde und akzeptierte die Nominierung.

Dass es hier nicht um ein x-beliebiges Thema, sondern um ein hoch emotionales ging, lag auf der Hand. Immer wieder sorgte die Abtreibungsfrage für hitzige Diskussionen in der Öffentlichkeit. Im Oktober 2012 hatte zum Beispiel der Fall der 31-jährigen indischstämmigen Zahnärztin Savita Halappanavar, die an den Folgen einer Sepsis bei einer Fehlgeburt im Universitätskrankenhaus von Galway verstarb, für Aufsehen gesorgt. Halappanavar und ihr Mann hatten um eine Abtreibung angesucht, als sie erfuhren, dass eine Fehlgeburt mit hohen Risiken für die Mutter aus medizinischer Sicht sehr wahrscheinlich war. Diese wurde der Schwangeren aber unter der Begründung verwehrt, dass Irland ein katholisches Land sei.

Wie schon in der ersten Bürgerversammlung von 2012 bis 2014 wurde auch bei der *Citizen Assembly* allen irischen Bürgerinnen und Bürgern die Möglichkeit gegeben, in Form von Einreichungen per Post oder E-Mail ihre Meinung zu verschiedenen Themen kundzutun. Dass von dieser Gelegenheit bei der Frage der Legalisierung von Abtreibungen über 13.000 Menschen aus ganz Irland Gebrauch machten, beweist, wie sehr das Thema das Land beschäftigte. Heute sind alle eingereichten Stellungnahmen auf der Webseite der Versammlung einsehbar, ebenso wie alle Expertenstatements, Berichte, die Liste der teilnehmenden und wieder per qualifiziertem Zufallsverfahren ausgewählten Bürger sowie eine umfassende wissenschaftliche Analyse des Prozesses. Das alles ist Teil der proaktiven und transparenten Kommunikationsstrategie, auf die das *Assembly*-Büro setzt.

Sharon Finegan hatte in ihrer Karriere als Beamtin schon mit anderen schwierigen Themen, wie den zähen Friedensverhandlungen um Nordirland, zu tun gehabt. Zusätzlich brachte sie, womöglich durch ihre Herkunft, eine Qualität in das Team, die nicht zu unterschätzen ist: Aufgewachsen war sie nämlich als Tochter eines Landmaschinenverkäufers und einer Mutter, die als Hausfrau gerade einmal eine Volksschulausbildung hatte und die sich laut Finegan mit dem Lesen und Schreiben ein Leben lang schwertat. Nun konnte die Beamtin, die nach ihrem hervorragenden Abschluss ihres Studiums am *Trinity College* und an der Universität Kopenhagen Karriere im irischen Kanzleramt gemacht hatte, auch jenen Menschen, die kaum Zugang zu Bildung hatten, wie ihre Eltern, eine Stimme geben.

➔ Menschen aus sozial schwächeren Schichten gehen weniger wählen und nutzen auch andere Beteiligungsformen kaum. Eine Bürgerversammlung wie in Irland spricht diese Personen direkt an, wodurch eben auch sie mobilisiert werden können.

Am 15. Oktober 2016 traf sich die *Assembly* zum ersten Mal und am 26. November 2016 sollte schon die erste Sitzung zum Thema stattfinden. Akribisch begannen Finegan und ihr Team, nach vertrauenswürdigen Expertinnen und Experten zu suchen. Ein zentrales Kriterium für die Auswahl war neben der wissenschaftlichen Exzellenz und Erfahrung auch, dass diese nie öffentlich eine persönliche Meinung zum Thema geäußert hatten. Denn die Meinungsbildung sollte hier den Bürgern zugesprochen werden. Die Unabhängigkeit und Neutralität standen daher für Finegan über allem. Zusätzlich mussten diese, darunter Juristen, Ärzte und Sozialarbeiter, auch fähig sein, ihr Wissen in einer verständlichen Sprache mitzuteilen. Die Verantwortung lag hier zu Recht auf der Seite des Senders. Wie oft hatte sich die Wissenschaft hinter unverständlichen und komplizierten Sachverhalten versteckt, das durfte hier nicht passieren.

➔ Über konsultative Verfahren wie in Irland erhält die schweigende Mehrheit eine Stimme und schwierige Themen können durch das Verfahren versachlicht werden. Weil Expertisen viel Zeit und Raum bei Bürgerversammlungen gegeben wird, entsteht auch mehr Wertschätzung für faktenbasierte Politik.

Auf Wunsch der teilnehmenden Bürger entschied man sich auch, betroffene Frauen von beiden Seiten zu Wort kommen zu lassen. Man hörte Frauen, die unter schwierigen Bedingungen ihr Kind bekommen hatten und diese Entscheidung nicht bereuten. Als Gegendarstellung wurden Audioaufnahmen von Interviews mit Frauen, die sich illegal für eine Abtreibung im Ausland entschieden hatten oder darunter litten, dass ihnen das Recht auf Abtreibung in Irland verwehrt blieb, vorgespielt. Lobbygruppen von beiden Seiten des Meinungsspektrums kritisierten den Prozess abwechselnd. Für Finegan ein Beweis für ein Gelingen ihrer Unabhängigkeitsbemühungen.

Um sicherzustellen, dass auch wirklich alle sozialen Schichten der Bevölkerung an den Beratungen teilnehmen konnten, hatte Finegan bei der Organisation der zweiten Bürgerversammlung auch auf kleine, aber sehr wichtige Details geachtet. So wurde etwa während der Wochenenden, an denen die Versammlung in einem Dubliner Hotel tagte, Kinderbetreuung organisiert und die Teilnehmer konnten auch Partner oder Verwandte zu diesem Zweck mitnehmen. Wer die Berichte zu diesen und anderen Reformthemen der Bürgerversammlung liest oder die im Netz verfügbaren öffentlichen Diskussionen mit den Experten verfolgt, staunt über die Fundiertheit und Sachlichkeit der Argumentation.

➔ In Bürgerversammlungen kann eine andere Art der Öffentlichkeit und Meinungsbildung, eine andere Art, Themen und Fragestellungen zu analysieren und zu bearbeiten, entstehen, als wir sie aus den aufgeheizten Debatten in den Medien und den digitalen Netzwerken kennen.

Bürger aus allen Gesellschaftsschichten hatten über vielen Stunden kritische Faktenarbeit geleistet und am Ende im Dialog einen Konsens gefunden. Damit entzog man den Medien und der Politik zum Teil auch das Monopol über die Interpretation der öffentlichen Meinung. Vielleicht ist das auch der Grund dafür, dass viele Medien, die sich als „Gatekeeper“ zwischen Politik und öffentlicher Meinung sehen und zu wissen glauben, was das Volk will, so kritisch gegenüber neuen Beteiligungsformen wie der Bürgerversammlung sind. Möglicherweise befürchtet man einen Machtverlust, wenn Bürger Politik ohne emotionalisierte Konflikte, sachlich und gemeinsam angehen. Bei der Bürgerversammlung war es den Medien übrigens untersagt, im Vorfeld oder während der *Assembly* mit den Teilnehmern zu sprechen, um den Prozess nicht von außen zu beeinflussen.

Wie Bürger gute Entscheidungen treffen können

Ich hatte mir den Vormittag meines letzten Tages in Irland freigehalten und war bis ans Ende der Stadt gefahren, um Denise Williamson in einem Café im „West City Shopping Center“ zu treffen. Williamson hatte bei unserem Telefonat am Tag zuvor diesen Treffpunkt vorgeschlagen, weil ihre Heimatstadt Kildare schwerer mit öffentlichen Verkehrsmitteln zu erreichen gewesen wäre. So fuhr ich mit der relativ neuen Stadtstraßenbahn an einem für Dublin überraschend sonnigen Herbsttag durch die Vorstädte Dublins, um mehr darüber zu erfahren, wie es einem ergeht, wenn man als Bürgerin, die nie politisch aktiv gewesen ist, plötzlich mit der großen Politik konfrontiert wird. Wie die anderen Teilnehmer wurde auch Williamson per Los aus einem repräsentativen Sample ausgewählt und in der Vorauswahl persönlich kontaktiert.

Obwohl Williamson zuvor keine politische Erfahrung gehabt hatte, sagte sie sofort zu und war bereit, an der offiziellen Bürgerversammlung teilzunehmen. Zum Teil war es wohl Neugier, zudem kam sie aus einer Familie, die sich immer für Politik interessiert hatte. „Ich hatte natürlich keine Ahnung, was da auf mich zukommt, und brauchte auch eine Zeit, um mich auf den Prozess einzulassen, auch weil ich eine eher schüchterne Person bin. Aber es war gut, aus meiner eignen Blase herauszukommen und auf andere Meinungen zu treffen“, meint Williamson, als sie mir über ihre Eindrücke der letzten Monate berichtet. Natürlich stellten die Beratungen zum *8th Amendment*, dem Verfassungszusatz, der das Abtreibungsverbot festschrieb, auch für Williamson eine besondere Herausforderung dar. In ihrer erweiterten Familie waren beide Lager vertreten, aber man hatte es vorgezogen, nicht über dieses Thema zu sprechen. Oft habe sie sich während der Beratungen, die über vier Wochenenden liefen, gefragt, warum sich jetzt gerade die Bürger mit diesem schwierigen Thema befassen müssten, wo es doch die Aufgabe der Politik wäre, erzählt sie. Doch der Wunsch aller Beteiligten, etwas für das Land zu tun und sachlich und konstruktiv zusammenzuarbeiten, setzte sich auch bei diesem kontroversen Thema durch. Umso mehr ärgert sich Williamson darüber, wenn die Bürgerversammlung in Medien manchmal als parteiisch dargestellt wird. „Jeder hatte eine Stimme und wurde gehört. Die Moderatoren der jeweiligen Beratungsgruppen von sechs Bürgern haben sich besonders bemüht, dass jeder zu Wort kommt und keine Meinung dominiert. Am Ende haben wir gemeinsam auf Basis von wissenschaftlichen Expertisen entschieden", erklärt sie mir auf die Frage, ob der Prozess manipuliert gewesen sein könnte.

➔ Bei Beteiligungsverfahren ist es immer schwierig, nach außen zu kommunizieren, wie Entscheidungen im Konsens entstehen. Man muss es erleben, um zu verstehen, wie Dynamiken des konstruktiven Miteinander-Arbeitens funktionieren.

Die Bilder von Gruppendiskussionen und Expertenhearings sind auch nicht tauglich für eine Medienwelt, die sich darauf spezialisiert hat, in der Politik immer nur den Konflikt und die Auseinandersetzung zu suchen. Sind wir überhaupt selber bereit, auf den täglichen Schaukampf der Ideologien und Meinungen zu verzichten, den viele von uns in den unterschiedlichen sozialen Medien fortsetzen, frage ich mich.

Denise Williamson bereute später, in einer Pause während der intensiven Diskussionen mit ihren Kollegen den Blick auf Facebook und Twitter gewagt zu haben. Die Anfeindungen und der Zorn aus beiden Lagern gingen ihr nahe. Einem Boulevardblatt war es sogar trotz des Zutrittsverbots für Medien gelungen, sich in das Hotel, in dem die Bürgerversammlung tagte, einzuschleichen. Es war das letzte Sitzungswochenende Anfang März 2017 zum Thema Abtreibung, in dem die Mitglieder der Versammlung auf eigenen Wunsch von betroffenen Frauen hörten. Als die Audioaufzeichnungen der anonymen Betroffenen abgespielt wurden, war das ein emotionaler Moment für alle Beteiligten und es war mit einem Mal allen viel klarer, dass es hier um Menschenschicksale ging. In der Pause danach brach Williamson im Gespräch mit zwei anderen Kolleginnen auf der Damentoilette in Tränen aus und genau hier lauerte ihnen eine Journalistin auf. Kurze Zeit später waren die Tränen der Mitglieder der Bürgerversammlung plötzlich Schlagzeile im ganzen Land. „Wir fühlten uns in diesem Moment verraten. All das, wofür wir eingestanden waren, in den Tagen und Wochen davor – der respektvolle Umgang, die sachlichen, faktenbasierten Diskussionen und die Lösungsorientiertheit der Bürger – hatte in diesen Meldungen keinen Platz." Der Vorfall stimmt sie heute noch ein wenig betrübt.

Dennoch, oder vielleicht auch gerade, weil viele Medien die Bürgerversammlung so kritisch beobachteten, gelang es den Bürgern, beim Thema Abtreibung das ganze Land zu überraschen. Dass die Empfehlungen für eine umfassende Reform der Verfassung und Abtreibungsgesetzgebung, über die die Bürgerversammlung am 23. April 2017 abgestimmt hatte, viel weitergingen, als es sich die offizielle Politik des Landes getraut hätte, ist eine Sache. Noch bedeutender ist es, dass Bürger und Bürgerinnen wie Denise Williamson fähig waren, sich in einer komplexen Materie zurechtzufinden und über ideologische Gräben hinweg zu einem Konsens zu kommen. Denise Williamson ist es bei unserem Treffen aber wichtig zu betonen, dass die Versammlung auch zu anderen wichtigen Zukunftsthemen wertvolle und konstruktive Vorschläge gemacht habe, mit denen sich nun Parlament und Regierung beschäftigen müssen.

➔ Die Ergebnisse der Bürgerversammlung sind nicht bindend und das letzte Wort hat immer noch das gewählte Parlament. Insofern ist das Format keine Konkurrenz, sondern eine wertvolle Ergänzung der repräsentativen Demokratie. Für die etablierte Politik bieten solche Verfahren eine Chance, Unterstützung für zukunftsorientierte Sachpolitik zu erhalten.

Die Qualität des Prozesses bestätigt mir auch der langjährige Chefredakteur der *Irish Times* und nunmehrige Ressortleiter für Wissenschaft und Umwelt bei derselben Zeitung: „Für mich ist die Bürgerversammlung ein robustes Modell, das bewiesen hat, dass Bürger der Politik weit voraus sein können, wenn es darum geht, bei hoch emotionalen Themen konstruktiv und sachlich miteinander zu arbeiten. Und das gilt nicht nur für das Abtreibungsthema, sondern auch für andere Belange wie den Klimaschutz", erörtert Kevin O'Sullivan seine Sicht auf die Bürgerversammlung, als wir uns im offenen Redaktionsraum der *Irish Times* im Stadtzentrum von Dublin treffen.

Dass der Mensch fähig ist, unter gewissen Rahmenbedingungen, entgegen der rationalen Logiken der Spieltheorie Bedürfnisse zukünftiger Generationen einzubeziehen und sich im Hier und Jetzt im Verzicht zu üben, hat der österreichische Evolutionsforscher Martin Nowak in einer Studie im Wissenschaftsjournal *Nature* belegt. Die weitreichenden Empfehlungen der Versammlung in Bezug auf den Klimaschutz zeigen es in der Praxis. Es ist eine Kombination aus Hausverstand, Expertise und Konsensfähigkeit, die den Bürgern den richtigen Weg weist und damit auch die Thesen von Jason Brennan widerlegt, der, wie eingangs erwähnt, in seinem Buch über Epistokratie fordert, dass nur die „Gebildeten" mitentscheiden sollen.

So stellte die Versammlung bei ihren Beratungen zum Thema, wie Irland im Klimaschutz vom europäischen Schlusslicht zum Vorreiter werden könnte, sofort die Torfverbrennung zur Energiegewinnung in Kraftwerken infrage. Der damit verbundene Verlust von Arbeitsplätzen müsse von Strukturmaßnahmen für die Betroffenen begleitet werden, aber nichts rechtfertige in der heutigen Zeit den Raubbau an der Natur. Das extrem ineffiziente Verfahren des Torfverbrennens aufrechtzuerhalten sei unverantwortlich, hieß es später im Memorandum, über welches die Bürgerversammlung am Ende abstimmte.

Was ist Denise Williamsons Resümee, jetzt, da die „Assembly" Mitte November 2017 sozusagen bei der Halbzeit angelangt ist? Sie wünscht sich auf jeden Fall, sich auch bei weiteren Fragestellungen einbringen zu dürfen, und hat sich die Wochenenden schon fix eingetragen. Das Thema „Reform der Abtreibungsgesetzgebung" und damit das Ende des *8th Amendments* wird zur Zeit unseres Treffens gerade im Parlament beraten und soll bald zu einer Volksabstimmung führen. „Ich hoffe nur, dass es nicht wieder das Land spaltet, wie bei der Abstimmung 1983. Wir haben doch vorgezeigt, wie Bürger unterschiedlicher Lager und Haltungen gemeinsam zu einer Lösung kommen können", meint sie. Dass die Politiker die Empfehlungen der Versammlung wieder sehr emotional und konfliktgeladen im Parlament diskutieren, macht Williamson ein Stück weit wütend, denn ihr und ihren Kollegen wäre schon aufgefallen, dass sich der zuständige Ausschuss die Empfehlungen und Expertisen der *Assembly* zum Thema Abtreibung nicht einmal angesehen hätte. Für den Klimaschutz wünscht sie sich, dass man dieses Thema in der Politik, so wie die Bürger der Versammlung auch, überparteilich und ideologiefrei bearbeitet, denn das Land würde nur verlieren, wenn es weiter ein Streitthema bliebe.

Als wir uns nach unserem Gespräch später am Parkplatz vor dem Shopping Centre herzlich verabschieden, reicht mir Denise Williamson noch die Kopie einer Karikatur, die vor einiger Zeit in der *Irish Times* erschienen war und die für sie eine treffende Beschreibung der Arbeit der Bürgerversammlung darstellt. Dabei reichen Bürger einem Politiker ein Ergebnispapier durch einen Türschlitz, worauf der Politiker verärgert ausruft: „And stop being so sensible and straight forward, you'll be giving politics a bad name." („Hört auf, so vernünftig und geradeheraus zu sein, ihr lasst die Politik blöd dastehen.")

99 Bürger aus allen Schichten und Teilen Irlands haben bewiesen, wozu sie fähig sind, wenn man ihnen das Vertrauen und die entsprechen Rahmenbedingungen gibt. Mittlerweile sprechen sich auch in anderen Ländern immer mehr Experten dafür aus, Bürgerversammlungen als wertvolle Ergänzung zur repräsentativen Demokratie zu etablieren. Das irische Bespiel lehrt uns, dass das Bild des Wutbürgers, der in Onlineforen herumstänkert, nur eine Seite der Realität abbildet.

➔ Konfliktgeladene Themen, die die Politik alleine nicht entscheiden kann oder will, erscheinen in einem anderen Licht, wenn Bürger sie ohne Hintergedanken und Beeinflussung von Interessengruppen beleuchten.

Die Bürgerversammlung ist keine Konkurrenz zur Arbeit der Parlamente, denn die Empfehlungen der Bürger sind noch weit entfernt von konkreten und durchdachten Gesetzesentwürfen. Im Gegenteil:

Am Ende liefert man der Politik mit sachlichen, fundierten und kompromissbereiten Vorgaben eine Hilfestellung. Die Bürger werden zu Verbündeten für reformwillige Entscheidungsträger.

Die Ergebnisse der irischen Versammlungen weisen aber auch den Weg zu einer aufgeklärten Gegenöffentlichkeit, die der vorrangig konfliktorientierten Fokussierung vieler Medien und der Polarisierung in sozialen Netzwerken etwas Konstruktives entgegenhält. „Wenn du mal aus deiner Blase rauskommen musst und echt zuhörst, wenn du eine Meinung nicht wie auf deinem iPhone wegwischen kannst, dann ist das gut“, benennt Denise Williamson, was sie selbst als Erfahrung mitgenommen hat. Auch wenn es bei uns vielleicht noch etwas dauern wird, bis jemand an der Wohnungstür läutet und uns zu einer Bürgerversammlung einlädt, können wir uns diese einfache Weisheit schon jetzt zu Herzen nehmen.

AKTIV WERDEN

Wie eine E-Mail über eine Penis-Fotocollage einen Parteigründer zum Zweifeln bringt, warum wir auch für unsere Siege und nicht nur für unsere Niederlagen zahlen und wie die Herzenspolitik Barcelona in Bewegung versetzt.

Außenstehende beobachten das politische Geschäft oft mit Befremden. So klar und verständlich Entscheidungsprozesse und Machtstrukturen in Regierungen, Parlamenten und Parteien für Insider sind, so schwer ist die Logik des politischen Alltags für viele normale Bürgerinnen und Bürger nachvollziehbar. Daran ändern auch die omnipräsenten Erklärer, Kommentatoren und Meinungsforscher im deutschen, österreichischen oder Schweizer Fernsehen nichts. Für Quereinsteiger, die oft mit Leidenschaft und dem Wunsch, etwas an die Gesellschaft zurückzugeben, in die Politik gehen, erweist sich vieles, was für Profipolitiker zur Realität gehört, nicht nur als Überraschung, sondern als echte Herausforderung.

Es mag wenig erstaunen, dass aktive Politiker oft auf ihr Privatleben verzichten müssen und unter kontinuierlicher Beobachtung der Medien stehen. Doch die Negativität, mit der politische Kontrahenten einander meist begegnen, ist für viele dann doch eine Belastung und sie mag eine Ursache für das allgemein geringe Vertrauen in Politik sein. Kein anderes Feld ist so sehr mit der kontinuierlichen Kritik und dem Schlechtmachen des Gegners und Mitbewerbers beschäftigt. Selbst enorm wettbewerbsorientierte und auf den Sieg fokussierte Sportler finden im Interview nach Sieg oder nach einer Niederlage zu Spielschluss oder am Ende einer Abfahrt wertschätzendere Worte für ihre Kontrahenten, als man sie je in einer Parlamentsdebatte zu hören bekommt. Man stelle sich vor, Limonadenhersteller würden über ihre Konkurrenten sprechen, wie sich manche Parteivertreter schon in der morgendlichen Nachrichtensendung über ihre Gegner äußern, bevor die Nation überhaupt aus dem Pyjama gestiegen ist. Die Lust, Limonade zu trinken, würde uns wohl vergehen. Während uns der Verzicht auf zuckerhaltige Getränke aber wahrscheinlich guttäte, hängt unser Gemeinwohl davon ab, wie sehr Politik fähig bleibt, Zukunft zu gestalten.

➔ Für die großen Probleme der Zeit braucht die Politik eine andere Kultur des Miteinanders, des wertschätzenden Umgangs und der Zusammenarbeit.

Doch wie soll diese entstehen, wenn wenige sich in die aktive Politik wagen? Mit einer Karriere in der Wirtschaft kann man um vieles mehr verdienen und behält dabei noch seine Privatsphäre. Im Engagement für eine anerkannte und gut vernetzte NGO oder Kampagnenplattform kann der Einzelne oft mehr bewirken als zum Beispiel ein Parlamentarier, der in Österreich noch dazu dem sogenannten „Klubzwang“ unterliegt, das heißt, dass er angehalten ist, nach der Linie seiner Partei abzustimmen. Es ist schön und gut, sich in der Freizeit für die Verbesserung der Lebensqualität in seinem Wohnbezirk einzubringen, solidarisch für wichtige Anliegen auf die Straße zu gehen und über Onlinepetitionen für oder gegen dieses und jenes einzutreten. Doch wer ist heute bereit, sich der echten Herausforderung Politik zu stellen, für ein Amt zu kandidieren oder die wichtige Basisarbeit im Wohnbezirk oder der Ortsgruppe zu unterstützen? So sehr ich ein erstarkendes Interesse an der Demokratie wahrnehme, so gering ist die Bereitschaft des Einzelnen, ins kalte Wasser zu springen und sich parteipolitisch zu engagieren. Unsere mentale Forderungsliste, was Politik und Parteien alles können und leisten sollen, wird mit Jahr zu Jahr länger. Unser Unverständnis für das öffentliche Austragen von politischen Konflikten und Rivalitäten, welches in den Medien vorrangig die politische Berichterstattung dominiert, wird von Jahr zu Jahr größer. Dabei sinkt unsere Bereitschaft, selbst in den Ring zu steigen. Wir gleichen immer mehr, und dabei nehme ich mich selbst gar nicht aus, den beiden alten Herren Waldorf und Statler aus der *Muppet Show*, die von der Loge aus grantig über das Geschehen auf der Bühne lästern, ohne sich selbst in irgendeiner Weise zu engagieren.

Dabei ist die Darstellung, die die Politik in den Medien erfährt, eine recht einseitige. Belohnt wird in der medialen Verwertungslogik, was Potenzial hat, ein Aufreger zu sein oder zu werden.

➔ Unternehmer sprechen von der Notwendigkeit, eine Fehlerkultur zu etablieren, um gesellschaftliche Innovationen voranzubringen und den Pioniergeist zu fördern. Doch was in der Wirtschaft gelebte Praxis ist, dafür gibt es in der Politik wenig Toleranz; es besteht zu viel Angst vor dem gnadenlosen Urteil der Öffentlichkeit.

Es muss also nicht verwundern, wenn wenige Menschen am Ende bereit sind, in die Politik zu gehen und dort Verantwortung zu übernehmen. Dabei benötigen wir in Europa heutzutage nichts mehr als frische Ideen und den Mut, Neues anzugehen. Die Gestalter brauchen wieder eine Heimat in der Politik, damit nicht den Zerstörern das Feld überlassen bleibt. Ist nicht die beste Antwort auf die Krise der Demokratie, sich selbst politisch zu engagieren?

Wäre die Politik wirklich so problembehaftet, wie sie sich gibt oder wie sie dargestellt wird, wir würden wohl kaum den gesellschaftlichen Wohlstand, die Freiheit und die relative Sicherheit genießen können, durch die sich Österreich und Deutschland auszeichnen. Während wir an unserem System herumnörgeln, läuft vieles im Alltag hinter den Kulissen gesittet, kompromissbereit und zivilisiert ab. Ein vielleicht unbeachtetes Gesetz, das in einem parlamentarischen Unterausschuss ohne viel Aufregung mit Unterstützung aller Parlamentsparteien verhandelt wurde, kann über Jahre positive Auswirkungen auf die Lebensrealität vieler Menschen haben, ohne dass jemand groß davon erfährt.

Eine neue politische Gründerzeit

Das Bild, das ich gerade über die fehlende Bereitschaft, sich politisch zu engagieren, gezeichnet habe, ist übrigens nur eine Seite der Realität.

➔ Europa erlebt gerade so etwas wie eine neue politische Gründerzeit. Die Bereitschaft, in die Niederungen der Politik hinabzusteigen und Verantwortung zu übernehmen, scheint wieder am Erstarken zu sein.

In Frankreich gewann der Präsidentschaftskandidat Emmanuel Macron überraschend die Stichwahl mithilfe der Wahlplattform *La République en Marche!,* die es einige Monate vor seiner Kandidatur noch gar nicht gegeben hatte. Im kleinen Österreich schafften schon 2013 die NEOS, eine liberale Partei, ein Jahr nach ihrer Gründung auf Anhieb den Einzug ins Parlament und vier Jahre danach den Wiedereinzug, während eine etablierte Oppositionspartei wie die Grünen dort nicht mehr vertreten ist. In Spanien, Italien und Griechenland werden plötzlich Parteien groß, die vor 20 Jahren noch nicht existierten. In Osteuropa kämpfen neue, pro-demokratische Oppositionsparteien wie *Momentum* in Ungarn oder die liberale *Nowoczesna* in Polen gegen nationalistische Rechtsregierungen. Doch nicht alles, was „neu" heißt, ist wirklich vom Ansatz her für unsere Demokratie eine Innovation, und nicht alles, was im politischen Alltag zu Beginn erfolgreich ist, bleibt bestehen. Auch wenn die Beispiele von neuen Bewegungen und Parteien in Europa zahlreich sind: Viele von ihnen bedienen sich klassischer Taktiken, sind nach wenigen Jahren Teil des Systems und haben sich an die politischen Gepflogenheiten der anderen angepasst.

Eine dänische Alternative

Ich wollte ein wenig besser verstehen, wie es im Hintergrund eines politischen Start-ups aussieht, welche Beweggründe dort Engagierte mitbringen und was passiert, wenn hoher Idealismus auf die politische Realität des Alltags trifft. Ich machte mich also auf den Weg nach Kopenhagen, um mich mit dem charismatischen Gründer von *Alternativet (Die Alternative)*, Uffe Elbæk, und einigen Mitgliedern dieser Partei zu treffen. Die *Alternative* war nicht nur angetreten, um Zukunftsthemen in die dänische Politik zu tragen, sondern hatte auch den hohen Anspruch. die politische Kultur insgesamt zu erneuern. Bekanntheit hatte der 1954 geborene Elbæk unter anderem durch seine Gründung der alternativen Managementschule *Kaospilot* in Aarhus erlangt. Als Quereinsteiger wechselte er 2011 ins dänische Parlament und im Dezember 2012 wurde Elbæk, Mitglied der dänischen sozialliberalen Partei *Det Radikale Venstre,* als Kulturminister in der Regierung der Sozialdemokratin Helle Thorning-Schmidt angelobt. Weniger als zwölf Monate später war er zurückgetreten und ging mit einer neuen Parteigründung an die Öffentlichkeit.

Elbæks Assistent hatte vorgeschlagen, dass ich Uffe in *Meyers Deli Café* im hippen Frederiksberg-Viertel von Kopenhagen zum Frühstück treffen könnte. Es war Montagmorgen und am nächsten Tag, dem 21. November 2017, würden im ganzen Land Kommunalwahlen stattfinden, auch in Kopenhagen. Die *Alternative* würde zum ersten Mal bei diesen Wahlen antreten. Die Kaffeehausbesucher trinken Caffè Latte und rufen auf ihren Notebooks und Mobiltelefonen die morgendlichen E-Mails ab, während im Hintergrund Jazzmusik klimpert. Elbæk ist leicht außer Atem, als er einige Minuten verspätet im Café eintrifft. Bevor ich noch mein Buchprojekt und die Idee dahinter vorstellen kann, bricht es schon aus Elbæk heraus. Er befinde sich gerade in einer Krise und einem der schwierigsten Momente seiner politischen Karriere. Gleich da vorne, an der Ecke der Gammel Kongevej und der Ørsteds Straße, habe er 2013 nach seinem Rücktritt als Minister auf dem Heimweg zwei junge Politikaktivisten getroffen und mit ihnen entschieden, eine neue politische Bewegung zu gründen. Elbæk wollte das politische Spiel des gegenseitigen Schlechtmachens und Anschwärzens nicht mehr mitbetreiben. Es sollte eine Partei geben, die wirkliche gesellschaftliche Alternativen aufzeigt und sich durch eine Kultur der Zusammenarbeit, der Empathie und auch durch Humor auszeichnete. Mit neuem Elan wollte man für ein grüneres, kreatives und sinnerfüllteres Dänemark kämpfen.

Das Gründungsmanifest der Partei von 2013 wurde dementsprechend auch bedeutungsschwanger mit Begriffen wie „Mut“, „Offenheit“, „Transparenz“ und „Innovation“. Die *Alternative* sollte für jene da sein, die gemeinsam etwas in Bewegung setzen wollten. Für jene, die spürten, dass „etwas Neues das Alte ersetzt“. Eine Alternative eben, um Demokratie, Wachstum, soziale Verantwortung und Lebensqualität neu zu definieren, immer handlungs- und lösungsorientiert. In kurzer Zeit gelang es der Partei, über 11.000 Mitglieder zu gewinnen, bei den Parlamentswahlen 2015 anzutreten und in dieses auch mit 4,8 Prozent der Stimmen und 10 Abgeordneten einzuziehen. Auf politischer Ebene fordert die Partei heute den Umstieg von konventioneller auf biologische Landwirtschaft, erste Schritte in Richtung eines Grundeinkommens für alle, die Einführung der 30-Stunden-Woche und die Energiewende mit dem Umstieg auf 100 Prozent erneuerbare Energieversorgung bis 2040. Man will eine Abkehr vom aktuellen Wirtschaftsmodell, das rein auf Wachstum basiert, und sich über den wirkungsmächtigen Messfaktor, das BIP, definiert.

Nun kämpft die Bewegung mit den Niederungen der politischen Realität und Elbæk sitzt wie ein kleiner Schulbub vor mir. Ich weiß noch immer nicht, was geschehen war, und denke an eine Tragödie. Auf mein Nachhaken hin erzählt mir Elbæk, dass einer der Pressesprecher der Partei eine E-Mail an die Mitarbeiter des Parlamentsklubs und die Abgeordneten geschickt habe, in der er dazu aufrief, dass jeder Mann im Verteiler spaßhalber doch ein Foto seines Glieds machen sollte. Diese Bilder wolle er dann zu einer großen Fotocollage zusammenfügen und im öffentlichen Raum in Kopenhagen platzieren. Im Nachsatz der E-Mail erwähnte er noch, dass Elbæk auch für die Idee sei. Es habe sich um einen dummen Spaß gehandelt, von dem er keine Ahnung gehabt hätte, und nun würden alle Medien wieder über die Partei herziehen.

Vielleicht sei es sein größter Fehler, dass er Menschen zu viel vertraue, meint Elbæk selbstkritisch. Vielleicht fehle ihm aber auch die nötige Menschenkenntnis, die in der Rekrutierung von politischen Personen unabdingbar ist. Was ihn an der Politik immer so verärgert habe, fügt er hinzu, sei, dass man dort überhaupt keine Fehler machen könne. Fehler seien Gift für Politiker; aber wir bräuchten doch eine Kultur des Experimentierens, wenn wir in Zukunft weiterkommen wollten. Elbæk kennt die Welt der Start-ups und der Innovation. Seine *Kaospilot*-Schule setzt radikal auf Eigeninitiative und eine neue hierarchiefreiere Führungskultur. Als Sozialarbeiter, Aktivist und Bildungsreformer sei er immer mehr ein Macher gewesen, meint Elbæk. Es sei ihm darum gegangen, etwas zu schaffen und zu handeln. Diesen Gedanken wollte er auch auf seine Parteigründung übertragen, und sah das nun gefährdet. Ich halte Elbæks Reaktion auf die ganze Situation für ein wenig melodramatisch. Er hätte auch wissen müssen, dass die Rekrutierung von verlässlichen Mitarbeitern überall ein entscheidender Erfolgsfaktor ist.

Eine Plattform, eine Initiative, die Bürger inspirieren sollte selber tätig zu werden und sich für eine bessere Zukunft einzusetzen, wollte *Die Alternative* auch sein. Diesen Plattformgedanken, meint Elbæk auf meine Nachfrage, konnte man bisher nur nicht wirklich umsetzen, denn zuerst sei es darum gegangen, eine landesweite Präsenz zu erreichen und nach den erfolgreichen Parlamentswahlen für die Kommunalwahlen gewappnet zu sein. Ob das die richtige Entscheidung war, bin ich mir nicht sicher. Auf jeden Fall treten nun im ganzen Land über 350 Kandidatinnen und Kandidaten für eine Partei an, die es gerade einmal vier Jahre gibt.

Das Parteiprogramm der *Alternative* wurde über politische Labore mit Bürgern entwickelt. Über 1000 Menschen aus ganz Dänemark hatten sich 2013 in kleinen Gruppen von je 25 Personen zusammengefunden, um daran mitzuarbeiten. Das, was für andere Parteien PR- und Kommunikationsberater sind, waren für die *Alternative* über

70 Moderatoren, die diesen Prozess begleiteten. Jeder, der sich bei der *Alternative* engagiert, kann in seiner direkten Umgebung ein solches Labor organisieren, zu welchem Thema auch immer. Über die Vorschläge aus diesen Labors wird nach einer Kommentarphase im Netz bei einem der vier Parteitage diskutiert und abgestimmt.

➔ Viele der neuen Parteien verfügen über Beteiligungsinstrumente, was aber nicht automatisch heißt, dass diese funktionieren. Es geht dabei vor allem darum, gute Leute zu finden, die ihre Expertise einbringen und Verschwörungstheoretiker oder Selbstdarsteller heraushalten. Ein Parteiprogramm sollte durch die Qualität der Inhalte bestechen und nicht nur dadurch, dass es kollaborativ entstanden ist.

Viele der heutigen Mitglieder der *Alternative* waren noch nie zuvor in der Politik aktiv gewesen. Carolina Maier ist so eine Person. Bisher leitete sie ein Forschungsinstitut an der Medizinischen Fakultät der Universität Kopenhagen. Nun, im November 2017, empfängt sie mich in ihrer Funktion als Parlamentsabgeordnete von *Die Alternative*. Es ist später Nachmittag und die langen ehrwürdigen Gänge und heiligen Hallen des Parlamentsgebäudes, das im „Borgen" des alten Königspalastes Christiansborg untergebracht ist, sind schon leer. Im Besprechungszimmer „Färöer", das nach den gleichnamigen Inseln benannt ist, welche neben Grönland als autonome Provinzen zu Dänemark gehören, liegen Notizpapier und fein gespitzte Bleistifte. Wir nehmen am Ende eines fein gewachsten Besprechungstischs Platz. Ich will von ihr mehr darüber erfahren, was sie, eine selbstreflektierte und überlegt argumentierende Frau mit ruhigem, fröhlichem Gesichtsausdruck, Mitte vierzig, dazu bewogen hat, in die Politik zu gehen und was sie heute dort anders macht.

Sie habe den Nachrichtenbeitrag im dänischen Fernsehen gesehen, in dem Uffe Elbæk die Parteigründung ankündigte, und sich angesprochen gefühlt, sodass sie sich entschied, für die neue Bewegung aktiv zu werden. Zuerst nur als Mitglied und später als Kandidatin für die Parlamentsliste. Beteiligung, meint Maier, lebe man nicht nur über die politischen Labore, sondern Mitglieder würden bei kritischen Entscheidungen auch laufend befragt. So gab es zum Beispiel bei einer wichtigen Parlamentsentscheidung zu einer Gesetzesreform, bei der *Die Alternative* den entscheidenden Unterschied in Richtung Beschluss oder Ablehnung machen konnte, eine direkte Online-Abstimmung unter den Parteimitgliedern, um die Position der Abgeordneten zu bestimmen. *Die Alternative* sei als Gegenstück zu etablierten Parteien mit ihren Hierarchien und Machtstrukturen gegründet worden, dennoch sehe sie nun die dringende Notwendigkeit, in professionelle Strukturen, Prozesse und Organisation zu investieren. Das aber sei gar nicht so einfach und führe zu internen Konflikten. Irgendwie habe ich im Gespräch den Eindruck, dass Maier nicht mehr so leidenschaftlich bei der Sache ist wie vielleicht zu Beginn ihrer jungen Politikkarriere ...

Neu sein alleine ist nicht genug

Als ich nach unserem Gespräch durch die Innenhöfe von Christiansborg spaziere, frage ich mich, ob das für eine Partei, die etwas bewegen möchte, reichen würde. Alle anderen Vertreter, die ich neben Maier und Uffe Elbæk treffe, etwa die 20-jährige Aktivistin Helena Udsen oder den Generalsekretär der Partei, Nilas Bay-Foged, sprechen über neue, offene Prozesse und Methoden und dass die Bewegung anders sei. Aber würde das genug sein und wo war das Brennen für eine Sache, die mehr forderte als Veränderung und etwas Neues?

Wie bei anderen Start-up-Parteien Europas hat auch *Die Alternative* neue Gesichter in die politische Arena gebracht. Es kann bereichern, wenn Quereinsteiger das politische System mit anderen Denkansätzen konfrontieren, die Begegnung kann aber auch schnell zu Frustrationen führen. Würden Maier und der Rest der Partei genug Durchhaltevermögen haben, um nach der ersten Aufmerksamkeitsphase langfristig Akzente zu setzen? Bei allen Gesprächen in Kopenhagen schien ein tiefes Verlangen nach Geborgenheit und Gemeinschaft aus den

Menschen zu sprechen. Sascha Faxe, eine der Mitgründerinnen von *Die Alternative*, erklärt mir, dass das womöglich damit zusammenhänge, dass der digitale Raum eigentlich das Gegenteil von Sicherheit und Vertrauen schaffe und die Menschen sich umso mehr nach echtem Austausch sehnten.

Die Kreativität, die Leichtigkeit und das Neue, das die Partei ausstrahlte, begeisterte viele Leute, die bis dahin mit Politik nichts am Hut gehabt hatten, erstmals für Politik. Ja, die Partei hatte Wahlen gewonnen, sich für Parteienförderung qualifiziert und war mit der einen oder anderen Forderung im Parlament aufgefallen. Aber hatte die Partei nicht vielleicht zu viel Zeit aufgewendet, um überall mitzumischen und kandidieren zu können? War sie nicht zu schnell gewachsen und hatte so die Erwartungen hochgeschraubt? In meinen Gesprächen mit Parteimitgliedern ging es viel um Prozesse, Methoden und inwiefern man anders sei. Aber hat die Partei für die Menschen im Land wirklich eine Veränderung gebracht? Wäre das Leben der Dänen ein anderes, wenn es *Die Alternative* nicht gäbe?

Der Journalist und Chefredaktor des Online-Medienmagazins *KForum*, Timme Bisgaard Munk, ist sich in seiner Kritik der Partei ganz sicher, dass die *Alternative* keine echte Veränderung bringe, sondern eine Modeerscheinung sei. Wir hatten uns am Tag der Kommunalwahlen zum Mittagessen im *Café Europa* unweit des Regierungsviertels verabredet, um über Uffe Elbæk und *Die Alternative* zu sprechen. Als großgewachsener Däne, mit hellen Haaren im Kurzhaarschnitt, würde der knapp 40-jährige Meinungsmacher als Darsteller in jedem Wikingerfilm durchgehen. Für Munk ist die Partei ein Beispiel für eine Identitätspolitik, die sowohl von Rechten als auch von Linken betrieben wird. Für die Mittelschichtwähler sei die Entscheidung, *Die Alternative* zu wählen, genauso eine Lifestyle-Entscheidung wie sich einen Tesla zuzulegen oder im Bioladen einzukaufen, das wäre einfach Populismus mit grünem Anstrich. Bei schwierigen Zukunftsfragen und den echten Problemen des Landes hätte *Die Alternative* nichts zu sagen. Zu den Themen Flüchtlinge und Migration findet sich im Parteiprogramm und in den Strategien der Partei wahrlich wenig. Munk versicherte mir, die Partei sei wirklich nicht mehr als eine Gewissensberuhigung für eine wohlhabende und frustrierte Mittelschicht.

Zumindest die Sorge von Uffe Elbæk, dass der E-Mail-Skandal die Ergebnisse der Kommunalwahlen negativ beeinflussen würde, bewahrheitete sich nicht. Die Resultate waren für eine Kleinpartei recht passabel. In Kopenhagen holte der Spitzenkandidat Niko Grünfeld über 10 Prozent der Stimmen und wurde Stadtrat für Kultur und Sport. Erstmals muss die Partei beweisen, was sie in einem politischen Amt leisten kann. Haltung erkennt man nicht an Lippenbekenntnissen, sondern daran, wie sich jemand verhält, wenn ihm wirklich etwas angeboten wird. Vor einigen Monaten, erzählt mir Elbæk bei unserem Treffen, habe ihn eine Zeitung in einer Karikatur mit Ferdinand dem Stier aus dem gleichnamigen Kinderbuch verglichen, der lieber unter dem Baum liegt und an Blumen riecht, als in der Arena im Stierkampf zu fallen. Ja, er sei eben ein Träumer und das werde er immer bleiben.

Ob die Strategie am Ende die richtige ist, um Veränderung zu schaffen, daran begann ich in der Nachbetrachtung meines Kopenhagen-Besuchs zu zweifeln. Im Heimatland Ferdinands und der Stierkämpfe stieß ich dann auf eine ganz andere Art von politischer Spezies. Konnten die solidarischen Bürgerbewegungen Spaniens dem auslaufenden Modell von Parteien, die viele Bürger in Europa heute nur noch als technokratisch gesteuerte Marketingplattformen wahrnehmen, neues Leben einhauchen?

Barcelona en Comú: Vom Protest zur Partei

In den letzten Jahren wurde viel über politische Innovationen und neue Politik geschrieben. Kein anderes Land in Europa hat das Aufbrechen alter verfahrener Strukturen so erlebt wie Spanien. Die dramatischen Auswirkungen der Finanz- und Wirtschaftskrise 2008, die mit einer Krise der gesamten politischen Elite des Landes einherging, hat Spanien erschüttert. Die große Erzählung Spaniens, dass der Wohlstand immer weiterwachsen würde, ist geplatzt. Hinter der Bühne haben sich die Eliten schamlos bereichert. Aus den *Indignados*, der Protestbewegung der „Empörten“, die sich zu Tausenden auf Spaniens Plätzen einfanden, um gegen die Korruption und Wirtschaftskrise zu demonstrieren, war *Podemos* („Wir können“) entstanden, eine Linkspartei, heute drittstärkste Kraft des Landes. In Madrid regiert mittlerweile recht erfolgreich die Bürgerpartei *Ahora Madrid („Madrid jetzt“)* unter Bürgermeisterin Rita Maestre und auch in den Städten Cadiz und Saragossa sind Bürgerbewegungen an der Macht, die erst in den letzten vier Jahren entstanden sind.

Ein besonderes Beispiel, wie aus einer Protestbewegung und gewaltfreiem Widerstand eine erfolgreiche Wahlbewegung entsteht und unerwartet für alle politischen Beobachter das Bürgermeisteramt einer der bedeutendsten Städte Spanien erobert, ist *Barcelona en Comú* (katalanisch für „Gemeinsam für Barcelona“). Dass bei der Gründung der Bewegung Bürgerbeteiligung eine besondere Rolle spielte und auch 2017, zwei Jahre nach dem Wahlsieg der furchtlosen Parteichefin Ada Colau, Beteiligung im Zentrum der Arbeit der neuen Stadtregierung steht, weckt mein Interesse. Aus den Fernsehnachrichten hatte ich die Massendemonstrationen in Spanien im Jahr 2011 noch in Erinnerung. Die Geschichte von *Barcelona en Comú* hängt mit einer erstaunlichen Solidaritätskampagne zusammen, die sich 2009 in Spanien gründete und die im Ausland wenig Bekanntheit erlangte.

Anders als im Rest von Europa ist es in Spanien verbreiteter, sich seine Wohnung oder sein Haus über einen Kredit zu finanzieren und nicht zu mieten. Über 80 Prozent der Spanier wohnen in Eigentumswohnungen oder Eigenheimen und diese Art der Wohnraumfinanzierung wurde über Jahre von Politik und Wirtschaft als die sicherste Geldanlage und Wohlstandsvermehrung angepriesen. Die Politik förderte den Wohnungskauf durch entsprechende Vergünstigungen und die Banken warfen billige Kredite auf den Markt. Zwischen 1996 und 2006 alleine bildete sich eine gewaltige Spekulationsblase und der Preis für Wohnraum stieg in dieser Zeit durchschnittlich um über 180 Prozent. Die Reallöhne der Arbeiter und Angestellten konnten damit natürlich nicht mithalten und viele Bürger des Landes verschuldeten sich über ein verträgliches Maß hinaus. Fehlende gesetzliche Regelungen zur Kreditvergabe und ein unzureichender Konsumentenschutz taten ein Übriges, sodass in der Wirtschaftskrise die Immobilienblase platzte und viele Familien eine wahre Tragödie erlebten. Als Tausende Menschen aufgrund eines plötzlichen Jobverlusts ihre Kredite nicht mehr zurückzahlen konnten, drohte vielen die Zwangsdelogierung. Die Banken bestanden darauf, Wohnungen, deren Kreditnehmer bei der Rückzahlung säumig waren, zu räumen und die Immobilien wieder auf den Markt zu werfen, obwohl nach der Finanzkrise 3,4 Millionen Immobilien in Spanien leer standen und keinen Käufer fanden.

Aus dieser Notsituation heraus gründete sich die *PAH* („Plattform für die von der Hypothekenkrise Betroffenen"). Die zivilgesellschaftliche Bewegung setzte sich für die Rechte von Bürgern ein, die ihre Wohnungs- und Hauskredite nicht mehr bedienen konnten. Mit friedlichen Sitzstreiks und Protesten vor Wohnungen und Häusern von Familien, denen die Obdachlosigkeit drohte, stellte sich *PAH* in vielen Fällen gegen Zwangsdelogierungen, die die Banken teilweise mit Unterstützung von Polizeikräften gewaltsam durchführen ließen. Ada Colau, eine 1974 in Barcelona geborene Sozialrechtsaktivistin, hatte *PAH* mitbegründet und wurde zur Sprecherin der Kampagne, die nach eigenen Angaben mehr als 2000 Zwangsenteignungen in ganz Spanien verhindern konnte. Die Kampagne initiierte daneben auch ein von 1,4 Millionen Spaniern unterstütztes Volksbegehren für die Einführung der sogenannten Sozialmiete, die Familien ermöglichen sollte, Wohnungen, deren Kredite sie nicht mehr bezahlen konnten, wenigstens zu mieten. *PAH* gelang es auch, über ein Verfahren vor dem Gerichtshof der Europäischen Union in Luxemburg zu bewirken, dass ein Teil der gesetzlichen Bestimmungen zu Kreditverträgen aufgrund unzureichenden Konsumentenschutzes für unzulässig erklärt wurde. Ob beim Widerstand gegen Polizeigewalt bei Zwangsräumungen oder ihrem emotionalen Plädoyer vor dem Parlament: Ada Colau wurde das Gesicht der Bewegung.

Überzeugt von der Notwendigkeit, die Veränderung auch in die Institutionen zu tragen und nicht nur von außerhalb durch Protest auf sie einzuwirken, begannen Colau und ihre Kollegen 2014 zu überlegen, ob es sinnvoll wäre, aus dem Netzwerk von *PAH* heraus eine eigene Partei zu gründen. Einer von ihnen, Xavier Ferrer, ist heute bei *Barcelona en Comú* für internationale Beziehungen zuständig. Mit locker sitzendem Wollpullover, langen zurückgebundenen Haaren, Dreitagebart und insgesamt jugendlichem Aussehen glaubt man zuerst den ewigen Studenten zu erkennen. Aber der Schein trügt. Ich sitze einem kampagnenerfahrenen Politprofi gegenüber. Bei einem Bier und ein paar Tapas in einer kleinen Bar nicht unweit von der bescheidenen Parteizentrale von *Barcelona en Comú* erzählt Ferrer mir, dass es am Anfang gar nicht klar gewesen sei, ob man als nationale Liste bei den Parlamentswahlen oder auf Gemeindeebene antreten sollte. Drei Monate habe die Gruppe das diskutiert. Am Ende sei klar gewesen, dass sie 2015 für den Stadtsenat und das Bürgermeisteramt in Barcelona kandidieren wollten. „Es war uns wichtig, zu zeigen, dass wir fähig sind, auf lokaler Ebene für die unmittelbaren Probleme der Menschen Lösungen zu finden. Wir wollten nah dranbleiben an den Bürgern, ihren Problemen und Hoffnungen“, antwortet Ferrer auf die Frage nach den Beweggründen für die Entscheidung.

Mit diesem Schritt begann aber erst die Arbeit. Colau hatte sich nicht aufgedrängt, die Rolle der Spitzenkandidatin zu übernehmen, und konnte erst nach vielen Gesprächen überzeugt werden. Als echte Bürgerbewegung entschied sich die Gruppe aber, die Meinung der Bevölkerung zur Kandidatur einzuholen. *Barcelona en Comú* wollte nur antreten, wenn mindestens 30.000 Personen das Gründungsmanifest „Guanyem Barcelona“ („Wir gewinnen Barcelona“) bis Ende September 2014 online unterzeichnen würden. Zwischen der Präsentation des Manifests im Juni des Jahres und dem Ablauf der Frist zog man von Stadtviertel zu Stadtviertel, um in Bürgerversammlungen auf kleinen Plätzen, in Schulen und in Gemeindezentren die Meinung und Anliegen der Bürgerinnen und Bürger einzuholen. *Barcelona en Comú* verstand sich aber auch als Allianz anderer progressiver Parteien.

Eine der frühen Unterstützerinnen der Bewegung, Laia Ortiz, heute Vizebürgermeisterin der Stadt Barcelona, kam von den katalanischen

Grünen zur Plattform und reflektiert heute über die Entscheidung: „Obwohl wir eine junge Partei waren, sahen wir uns von der Vertrauenskrise in die Politik allgemein betroffen. Auch uns war klar, dass es einen Neustart brauchte, um Barcelona weiterzubringen. Ich spürte bei Colau und ihren Mitstreitern von Anfang an eine Wertschätzung für das, was wir in den letzten Jahrzehnten politisch erreicht hatten und vielleicht war es diese Allianz zwischen Alt und Neu, die uns am Ende erfolgreich machte." Anders als bei gewöhnlichen Wahlallianzen von Parteien wurden keine Vorabvereinbarungen zu fixen Listenplätzen getroffen, jeder sollte sich gleich der Wahl durch die Mitglieder stellen müssen. *Barcelona en Comú* erreichte das selbst gesetzte Ziel von über 30.000 Unterschriften und in vielen persönlichen Begegnungen die Herzen von Menschen, die der Politik schon abgeschworen hatten. Doch die etablierten Medien sahen in der Unerfahrenheit von Colau und ihrem Team eine Gefahr für die Stabilität der Stadt, der Verwaltung und der Wirtschaft von Barcelona. Die negative Presse änderte sich erst, als die Umfragen im Frühjahr 2015 der Bewegung reale Chancen einräumten, das Bürgermeisteramt für sich zu erobern.

Mit ihrer Forderung nach einer demokratischen Rebellion und danach die Institutionen der Stadt wieder in den Dienst des Gemeinwohls zu stellen, hatte Colau wohl einen Nerv bei der Bevölkerung von Barcelona getroffen. Obwohl nach langen Diskussionen im Kampagnenteam entschieden wurde, den Wahlkampf in der Endphase für die Person Ada Colau maßzuschneidern, war sie als breite und vielfach in alle Richtungen vernetzte Partei konzipiert. Ein anderer meiner Gesprächspartner in Barcelona meinte, die Partei sei eine „schwere Partei", im Gegensatz zu „leichten", nur auf ihren Gründerpersönlichkeiten aufbauenden Bewegungen. Die Stadtbewohner waren eingeladen, sich über lokale Komitees in ihren Wohnvierteln mit Vorschlägen und Ideen einzubringen. In unterschiedlichen Themenkreisen konnten sie sich wiederum zu Spezialthemen äußern.

Es war aber nicht nur das Versprechen nach echter Beteiligung und Mitsprache, das die Menschen für *Barcelona en Comú* mobilisierte, sondern auch der Ruf nach einer „Feminizacion de la Politica". Damit meinte Colau nicht den alleinigen Fokus auf Frauenquoten und gendergerechte Sprache, der gemeinhin mit feministischen Forderungen gleichgesetzt wird. Es ging der Partei vielmehr um die Etablierung einer Politik der Herzenswärme und der Solidarität, die der bisherigen, rein auf die Bedürfnisse von erwachsenen Männern zugeschnittenen Politik etwas entgegenzusetzen hatte, das inklusiver war und Bedürfnisse anderer Gruppen miteinschloss. Für Laia Ortiz ist klar, dass das Eintreten gegen die Ellbogenpolitik und gegen die männliche Kultur des In-den-Mittelpunkt-Drängens viele angesprochen hat. Es ging um eine Politik, die zuhören konnte und nicht nur auf die Bedürfnisse der Mehrheit schaute.

Dabei half in der Kampagne, dass Colau nie aufgehört hatte, offen und authentisch ihre eigenen Gefühle zu zeigen, was anderen Politikern ja oft von ihren Beratern verboten wird, weil es angeblich Schwäche signalisiert. Am 24. Mai 2015 siegte *Barcelona en Comú* überraschend bei den Gemeinderatswahlen und Ada Colau wurde als erste Frau in der Geschichte der Stadt zur Bürgermeisterin gewählt. Sie und ihre Mitstreiter hatten bewiesen, dass Parteien im 21. Jahrhundert kein Auslaufmodell sind:

➔ Die Idee der Partei lebt, in der Krise sind die Parteien, die Zeichen der Zeit nicht erkennen.

Bürgerbeteiligung steckt heute nicht nur in der DNA ihrer Partei, sondern inspiriert auch zunehmend die Arbeit der gesamten Stadtverwaltung.

Die digitale Mitbestimmung fördern

Die italienische Digitalisierungs- und Innovationsexpertin Francesca Bria verließ im Juni 2016 ihren sicheren Job bei der britischen Innovationsagentur *Nesta*, um im Auftrag von Ada Colau die Digitalagenden der Stadt Barcelona auf neue Beine zu stellen. Am Ende gehe es darum, in der Stadt eine gewisse technologische Souveränität zu erlangen, erklärt mir Bria, als wir uns Ende August 2017 beim *Europäischen Forum Alpbach* kennenlernen. „Wir denken das Konzept der Smart City von Grund auf neu. Ziel ist es, Technologien in Barcelona zum Einsatz zu bringen, die den Bürgern dienen und sie nicht versklaven", definiert sie ihren Arbeitsauftrag. Ich hatte Francesca Bria gemeinsam mit ihrem Mann, dem in Weißrussland geborenen Intellektuellen Evgeny Morozov, zum Forum eingeladen. Morozov hatte sich in den letzten Jahren zu einem der ersten und schärfsten Kritiker der Internetgiganten im Silicon Valley, der *GAFAs* (Google, Apple, Facebook, Amazon), entwickelt. Seine in Kalabrien geborene Frau, die neben ihrer Arbeit für die Stadtregierung von Barcelona noch immer an der *London Business School* unterrichtet, versucht dem pessimistischen Weltbild ihres Mannes etwas Konstruktives entgegenzuhalten. Zuletzt sorgte ihre Entscheidung, in der Stadtverwaltung von Barcelona auf teure Softwarelizenzen der Firma Microsoft zu verzichten und stattdessen auf eigene Open-Source-Anwendungen zu setzen, für Schlagzeilen.

Noch mehr interessiert mich die digitale Beteiligungsplattform *Decidim*, die Bria und ihr Team etablierten. Dabei haben Bürger im Netz die Möglichkeit, Vorschläge für das Stadtentwicklungsprogramm und zu unterschiedlichen anderen Schwerpunktgebieten zu machen. Die Themenbereiche, zu denen online und offline Konsultationen stattfinden, reichen vom Klimaschutzplan über die Verbesserung des Busnetzes bis hin zu einem neuen Konzept für die Entwicklung und den Schutz der Altstadt. Über 27.000 Bürgerinnen und Bürger haben sich in knapp einem Jahr mit 12.000 Vorschlägen eingebracht. 78 Prozent davon konnte man in der einen oder anderen Form in das Stadtentwicklungskonzept übernehmen. Die 12.000 Stadtbediensteten wurden wiederum über eine eigene Onlineplattform eingeladen, Vorschläge für eine Verbesserung der Verwaltung zu machen, und erhielten die Möglichkeit, anonym auf Missstände und Korruption aufmerksam zu machen.

Auch die Vizebürgermeisterin Laia Ortiz empfindet die Schwerpunktsetzung der neuen Stadtregierung als persönliche Bereicherung und Lernmoment in ihrer politischen Karriere: „Ich war immer stolz auf die bisherige Arbeit der Grünen Partei, aber auch wir litten zum Teil unter Besserwisserei und glaubten, alle Lösungen schon parat zu haben; ein Fehler, den viele ‚aufklärerische' linke Parteien leider zu oft machen." Als sie mit diesem neuen Arbeitsansatz zuletzt eine Gruppe von obdachlosen Menschen einlud, zusammen mit ihr die sie selbst betreffenden Aspekte der Sozialarbeit für diese Randgruppe zu verbessern, war das ein Augenöffner. Im Prozess überraschte es sie, zu sehen, dass es oft einfache Details waren, auf die die Politik nie gekommen wäre, die die Obdachlosen einbrachten. Diese wünschten sich zum Beispiel statt eines Einzelfahrscheins ein Tagesticket für die öffentlichen Verkehrsmittel in Barcelona. Davor waren viele auf dem Weg zu einer der Schlafstätten am Stadtrand irgendwo gestrandet, weil ihnen das nötige Geld für die Fahrt fehlte.

➔ **Die Einbindung von Betroffenen in die Entwicklung von Maßnahmen bringt der Politik oft ganz neue Perspektiven und stellt die Bedürfnisse der Menschen in den Mittelpunkt.**

Der Trend, in den Städten Europas Bürger in die Stadtentwicklung miteinzubeziehen, schreitet auch außerhalb Barcelonas voran. In Madrid stellt die Stadtregierung pro Jahr 80 Millionen Euro für Projekte, die über ein Bürgerbeteiligungsverfahren ausgewählt werden, zur Verfügung. Unter der Pariser Bürgermeisterin Anne Hidalgo wurde der erste Bürgerhaushalt der Stadt etabliert. Die Bürger können darin über Projektvorschläge, die von anderen Stadtbewohnern entwickelt und eingereicht wurden, abstimmen. Im Jahr 2016 nahmen über 150.000 Personen am offenen Bürgerhaushalt teil, 219 Projekte werden nun umgesetzt. Das Pariser Beispiel zeigt, dass solche Initiativen auch ihre Zeit brauchen, um von der Bevölkerung angenommen und genutzt zu werden. So hatten sich 2014, im ersten Jahr der Initiative, nur 40.000 Menschen am Prozess beteiligt und lediglich 15 Projekte waren umgesetzt worden.

Ada Colau bemüht sich in Barcelona ihrem Versprechen, nahe an den Bürgern zu bleiben, auf eine ganz einfache Art und Weise gerecht zu werden. Sie bedient sich dabei der vielleicht ältesten Form der Demokratie, dem Forum. Unter dem simplen Titel „Trobades amb L'Alcaldessa" („Treffen mit der Bürgermeisterin") hat sie bereits 19 Stadtviertel besucht und jeweils einen Abend lang mit Bürgerinnen und Bürgern über deren Anliegen diskutiert.

➔ In einer Zeit, in der digitale soziale Netzwerke die gesellschaftliche Fragmentierung und Polarisierung weiter befeuern, ist das Zusammenbringen von Menschen zum persönlichen Gespräch und der persönliche Austausch wohl eine der wichtigsten Aufgaben der Politik von heute. Wer unsere Demokratie retten will, muss hinaus auf die Straße zu den Menschen.

Für mich zeigt das Beispiel von *Barcelona en Comú* anschaulich, wie Parteien heute noch immer in der Lage sein können, Menschen für hoffnungsvolle und zukunftsorientierte Projekte zu begeistern.

DIE DIGITALE REPUBLIK AUSRUFEN

Wie eine französische Abgeordnete entscheidet, die Dinge in der Politik anders zu machen, und was herauskommt, wenn 21.000 Bürger an einem Gesetz schreiben.

Während am Wochenende des 13. und 14. April 2013 Bürger und Politiker gemeinsam im Rahmen der irischen Verfassungsversammlung zivilisiert und in aller Ernsthaftigkeit der Frage nachgingen, ob gleichgeschlechtliche Paare in Zukunft die Möglichkeit haben sollten, zu heiraten, bereitete sich die Polizei in Frankreichs Hauptstadt Paris auf eine weitere Serie von gewaltsamen Protesten und Demonstrationen vor.

Der damalige französische Präsident François Hollande hatte gehofft, mit seinem Gesetzesvorschlag zur „Ehe für alle“ endlich eine politische Reform durchzubringen und vielleicht auch von den negativen Schlagzeilen seiner ersten Monate im Amt abzulenken. Doch das Thema schien Frankreich nun viel mehr zu spalten, als Politik und Medien es erwartet hatten. Man war auf die Intensität des Widerstands der Bewegung gegen die „Homo-Ehe“, die sich selbst als „Le Printemps Français“ („Französischer Frühling“) bezeichnete, nicht vorbereitet. Auf den Straßen gab es Massendemonstrationen, brennende

Autos, Verhaftungen und Angriffe auf Schwulenbars. Die Debatte über ein Gesetz, das Hollande als ersten Erfolg seiner Amtszeit hätte feiern wollen, war vollkommen eskaliert und der Obrigkeit entglitten.

Als an einem Abend im April die Gegner der gleichgeschlechtlichen Ehe wieder auf die Straßen im Zentrum der Hauptstadt gingen und sich ein harter Kern von gewaltbereiten Demonstranten Straßenschlachten mit der Polizei lieferte, saß eine Mutter mit ihren zwei müden kleinen Kindern in einem Kaffeehaus in der Nähe des französischen Parlaments. Eigentlich lebten sie in London und waren nur zu Besuch in Paris. Doch aufgrund der Polizeisperren und Demonstrationen musste die Familie noch ein paar Stunden ausharren, bis am späteren Abend eine Rückkehr ins Hotel möglich wurde. Die für Pariser Verhältnisse bescheiden, aber stilvoll gekleidete Frau mit dem fröhlichen Lächeln fiel im Café niemandem sonderlich auf. Am ehesten tat sie den anderen Gästen leid, in ihren Bemühungen, die Kinder bei Laune zu halten. Niemand erkannte Axelle Lemaire als die Parlamentsabgeordnete, die sie seit 2012 war, und niemand konnte ahnen, welchen Entschluss sie an diesem Abend fassen würde ...

Am 6. Dezember 2017 sitze ich mit Axelle Lemaire unweit des Michaelerplatzes in Wien im *Café Bräunerhof*. In wenigen Stunden soll ihr im Wiener Rathaus der „Innovation-in-Politics“-Preis überreicht werden, für ihre erfolgreichen Bemühungen um eine einzigartige Gesetzesinitiative, an der in einem dreiwöchigen Onlineprozess über 20.000 Französinnen und Franzosen mitarbeiten konnten.

Lemaire war in Kanada aufgewachsen und zum Studium erst nach Frankreich und dann weiter nach London gezogen, wo sie mehr als zehn Jahre sehr erfolgreich als Anwältin und Rechtsexpertin tätig war. Eine Besonderheit des französischen Wahlrechts und eine entsprechende Nominierung durch die Sozialdemokraten ermöglichten ihr 2012 eine Kandidatur für das französische Parlament von England aus. Frankreich kennt nämlich elf extraterritoriale Wahlkreise, in denen Franzosen, die außerhalb der Grande Nation leben, wahlberechtigt sind. Zum sogenannten dritten Wahlkreis, kurz „Europe du Nord“ genannt, zählen neben England, Irland, den baltischen Ländern auch die nordischen Staaten. Für diesen Wahlkreis wurde Lemaire als damals 38-Jährige ins Parlament gewählt. Weil auch ihr Mann in London arbeitet und die zwei Kinder sich dort wohlfühlten, entschied sich Lemaire, von dort aus zu den Sitzungen des Parlaments nach Paris zu pendeln und manchmal auch die Kinder mitzunehmen, damit sie ein wenig mitbekämen, was ihre Mutter so macht.

Ein neuer Weg, Gesetze zu schreiben

Über ihre politische Arbeit war Lemaire mit den Vorgängen in Irland vertraut und konnte nicht glauben, dass im liberalen Frankreich ein Thema zu Angriffen und gewaltsamen politischen Konfrontationen führte, das im erzkatholischen Irland gerade in aller Ruhe sachlich im Rahmen der *Convention on the Constitution* von Bürgerinnen und Bürgern mit teils ganz unterschiedlichen ideologischen Ansichten diskutiert wurde.

„Ich fühlte mich als Parlamentarierin ein Stück weit mitverantwortlich für diese Eskalation. Wir hatten das nicht vorhergesehen und nicht bedacht, dass vielleicht auch das französische Volk im Vorfeld einer solchen Entscheidung einbezogen werden sollte und viele Menschen sich bei diesem emotionalen Thema überrannt fühlten", meint Lemaire dazu heute. Während ihre kleinen Kinder immer ungeduldiger wurden und draußen die Polizeiautos mit Sirenengeheul vorbeirasten, habe sie sich geschworen, sich fortan für eine andere Kultur in der Politik einzusetzen.

Die Gelegenheit dazu ergab sich schneller, als es Lemaire erwartet hatte, denn im April 2014 ernannte sie der damalige französische Premierminister Manuel Valls zur Ministerin für digitale Agenden. Axelle Lemaire zögerte nicht lange und entschloss sich rasch nach ihrer Nominierung, erstmals in der Geschichte Frankreichs eine offene und interaktive Konsultation zu einer neuen umfassenden Gesetzgebung zu digitalen Fragen auf den Weg zu bringen. Es gelang ihr, Premierminister Valls von diesem Anliegen zu überzeugen, er verwehrte ihr aber zusätzliche Budgetmittel für das Projekt und machte klar, dass sie die volle Verantwortung für die Initiative trüge, was bedeutete, dass sie zurücktreten könnte, wenn die Konsultation schiefginge. Angespornt von ihrer Überzeugung, dass die Einbindung der Intelligenz von vielen einen echten Mehrwert für den Gesetzgebungsprozess bringt und darüber hinaus auch eine viel breitere Schicht an Menschen für ein Thema sensibilisiert, machte sie sich an die Arbeit.

Die Kosten für die Konsultation, 30.000 Euro, nahm sie aus dem Reisebudget ihres Büros und startete eine öffentliche Ausschreibung. Dabei erhielt die Digitalschmiede *Cap Collective* den Auftrag, eine Plattform aufzubauen, auf der Bürgerinnen und Bürger aus allen Landesteilen ihre Ideen und Vorschläge einbringen und auch zu einzelnen Vorschlägen abstimmen konnten. *Cap Collective* war kurz davor von jungen Digitalaktivisten gegründet werden, die sich in der zivilgesellschaftlichen Initiative *Democratie Ouverte* (Offene Demokratie) engagiert hatten und sich für mehr Transparenz, Beteiligung und Kooperation in politischen Entscheidungsprozessen einsetzen.

Der offene Gesetzgebungsprozess für *La République numérique* (*Die digitale Republik*) begann am 26. September 2015. Dass sich über 21.000 Menschen aus allen Landesteilen daran beteiligten und über 8500 Einreichungen mit Vorschlägen einlangten, übertraf alle Erwartungen von Lemaire. Die Regierung fügte dem Gesetz zur digitalen Republik vor der Beschlussfassung im Parlament am Ende elf neue Artikel hinzu. Fünf davon waren ausschließlich von Bürgern über den Onlineprozess gekommen, darunter fiel auch die offizielle Anerkennung von Videospielwettbewerben als Sport.

Das Thema schien für mich nicht besonders relevant, aber Lemaire erklärte mir, dass Videospielwettbewerbe heute weltweit ein riesiges Publikum erreichen und der Sektor mittlerweile auch ein echter Wirtschaftsfaktor in Frankreich geworden ist, der immer mehr Amateure, Profis und Sponsoren anzieht. Aber in der Vergangenheit hatte es keinen rechtlichen Rahmen für den Zweig gegeben und Akteure liefen immer Gefahr, mit Glücksspiel gleichgesetzt zu werden. Der Vorschlag der „Gamer" war erfolgreich, sammelte 4055 Unterstützungsstimmen von insgesamt 4100 und veranlasste Lemaire dazu, ihn in das Gesetz zu integrieren.

Ähnlich ging es dem Recht auf das private Serverhosting und damit die Möglichkeit der Kontrolle über eigene Daten. Provider hätten das Internet weiter lieber gerne wie eine Einbahn mit hohen Downloadkapazitäten und niedrigem Upload geregelt und viele Anbieter hatten ihren Kunden das Self-Hosting davor verboten. In diesem Fall hatte ein 22-jähriger IT-Student aus Grenoble den entscheidenden Vorschlag eingebracht. Aber auch die Regelung, dass Bürger in Frankreich das Recht haben sollten, in jene Computeralgorithmen, auf deren Basis Verwaltungsentscheidungen zum Teil schon getroffen wurden, Einsicht zu nehmen, ging auf einen Bürgervorschlag zurück.

➔ Partizipative Gesetzgebungsprozesse schaffen Transparenz. Wichtige vernachlässigte Bürgeranliegen, die Interessenvertretungen nicht aufgreifen, können durch sie berücksichtigt werden.

Nach dem Abschluss des Verfahrens entschied sich Lemaire dazu, die zwölf Personen, die sich am aktivsten mit ihren Ideen in die Konsultation eingebracht hatten, zu sich ins Ministerium einzuladen. Die Begegnung mit einer damals arbeitslosen 55-jährigen Frau aus einem Dorf am Jura-Massiv in der Nähe von Dijon ist ihr dabei in besonderer Erinnerung. Unter dem Pseudonym Jeanne Varasco hatte die Frau insgesamt 384 Beiträge veröffentlicht und brachte darunter zwei Vorschläge für Gesetzesartikel ein, an die die Politik nicht gedacht hatte. Ohne besondere Vorerfahrung oder Spezialwissen ausgestattet, hatte sie sich intensiv in die Materie eingearbeitet. In einem Brief an Lemaires Büro erklärte sie, was das Engagement bei ihr bewirkt hatte:

„Ich möchte auch die Arbeit von Ihnen allen loben: eine Arbeit, die sich wahrhaftig für eine Demokratie einsetzt, die der sich wandelnden Welt von heute gewappnet ist. Das partizipative Gesetzgebungsverfahren steht beispielhaft für die Intelligenz der vielen und entwickelt sich daher anhand tatsächlicher Bedürfnisse aus der Praxis. Als ich begann, mich für die ‚digitale Republik' zu engagieren, konnte ich auch die Arbeit der Abgeordneten und Senatoren besser wertschätzen, die allzu oft kritisiert wird.“ Obwohl dieses Buch den Schwerpunkt ganz bewusst auf Beteiligung in Form von persönlicher Begegnung und Zusammenarbeit zwischen Bürgerschaft und Politik legt, zeigt gerade dieses Beispiel, dass auch digitale Beteiligung zu einer Emanzipierung der Beteiligten führen kann.

Das Wissen der Vielen nutzbar machen

Das Potenzial, über digitale Plattformen neues Wissen und andere Perspektiven in die Arbeit der Politik und Verwaltung einfließen zu lassen, ist sehr groß. Auch abseits eines partizipativen Gesetzgebungsprozesses, wie ihn Lemaire erstmals in Frankreich auf die Beine gestellt hat, gibt es in diesem Feld spannende Entwicklungen.

Das israelische Start-up *Collective Insights*, das sich als Plattform für inklusive Entscheidungsprozesse in Städten, Kommunen, Ministerien, Unternehmen und andere Organisationen versteht, bietet zum Beispiel ganz einfache Mechanismen an, über die jeder, der sich an einer Konsultation beteiligt hat, informiert wird, was mit seinem Beitrag passiert ist und ob er in irgendeiner Weise weiterentwickelt wurde. Die vom ehemaligen israelischen Regierungsberater Gal Alon gegründete Firma ist eine der wenigen, die durchdachte Softwarelösungen anbietet, mit denen Organisationen das Wissen der „Crowd“ effektiv einbeziehen können, denn auf diesem Markt ist bei Weitem nicht so viel Geld zu verdienen wie in sozialen Medien mit Werbung.

Einer der ersten Auftraggeber des Unternehmens war vor einigen Jahren das US-Außenministerium mit dem Auftrag, den Antragsprozess für die Passausstellung zu vereinfachen. Auf der Onlineplattform gingen dann über 1000 Antworten aus allen Bundesstaaten der USA ein. Viele Anregungen wurden aufgegriffen und sind in die Reform des Antragsprozesses eingeflossen. Methodisch sucht das Programm dabei nach Antworten, die Ähnliches aussagen, und identifiziert das verbindende Element für jeden Antwortcluster. Dieses stellt eine Erkenntnis dar, die über den einzelnen Antworten steht und wertneutral ist. Manche Erkenntnisse basieren auf vielen ähnlichen Antworten, andere auf nur ganz wenigen. Damit schafft die Plattform, dass neben Mehrheitsansichten auch Minderheitenmeinungen widergespiegelt werden.

Die Einbindung bei der Auswertung und das regelmäßige Feedback an die Teilnehmer sind zentral. Nachdem eine Entscheidung gefallen ist, bekommt jeder Teilnehmer ein personalisiertes Feedback, das zeigt, wie die eigene Aussage bei der Entscheidung berücksichtigt wurde. Das Wesentlichste dabei ist für die Menschen, zu wissen, dass ihr Einsatz wertgeschätzt wurde und Teil eines großen Ganzen ist.

➔ Digitale Beteiligungsprozesse sind dort besonders sinnvoll, wo es darum geht, Leute rasch einzubinden und weitverstreutes Wissen einzusammeln.

Gal Alon und seine Kollegen von *Collective Insights* haben aber auch die Erfahrung gemacht, dass es eine Wunschvorstellung ist, dass sich durch Onlinebeteiligung automatisch mehr Menschen einbringen. Auch dort kommt es stark auf die Art des Anliegens, die Relevanz der Fragestellung und die Prozessqualitäten an.

Nach dem Wahlsieg von Emmanuel Macron schied Axelle Lemaire übrigens aus der Regierung aus. Sie entschied sich aber, mit ihrer Familie in Paris zu bleiben, und kehrte in ihren früheren Beruf zurück. Als wir uns in Wien treffen, befindet sie sich gerade auf dem Rückweg aus China. Dort entsteht das zweite große Machtzentrum im digitalen Raum und die Devise der Regierung lautet dort nicht „Transparenz und Beteiligung“, sondern „Überwachung und soziale Kontrolle“. Angelehnt an ein Bewertungssystem des größten Internet-Marktplatzes Chinas, *Alibaba*, will die Regierung dort ein Punktesystem für Staatsbürger einführen. Wer sich entsprechend der Regeln verhält, wird im sogenannten „Citizen Score“ entsprechend positiv bewertet, bekommt leichteren Zugang zu Krediten, zu einem Studium oder einem Arbeitsplatz. Das ist nicht mehr weit weg von der Welt, die George Orwell in seinem Buch „1984“ beschrieben hat. Wollen wir eine solche Digitalisierung der Überwachung und den „gläsernen Bürger“ auch in

Europa? Ich bezweifle, dass das mit unseren Werten und Grundrechten vereinbar wäre und Unterstützung fände.

Aber sind die politischen Eliten bereit, so wie Axelle Lemaire, auf Augenhöhe mit den Bürgern in Dialog zu treten? Noch immer wird das, was aus dem Silicon Valley oder vielleicht in Zukunft aus China zu uns kommt als unausweichlich dargestellt. Sollten wir uns nicht fragen, ob wir die digitalen Werkzeuge eher dazu nutzen wollen, dezentral und hierarchiefrei neue Kooperationsformen und Wertschöpfungsketten zu entwerfen? Sind die Plattformen, die in allen Sektoren als „Category Leads", also quasi Monopole, eine Vormachtstellung übernehmen, wirklich immer alternativlos und durch ihren Datenextraktivismus täglich mächtiger und uneinholbar?

Hier ist ein Kulturkampf im Gange, bei dem es um unsere europäische Identität sowie kulturelle und wirtschaftliche Autonomie geht. Die Politik kann diesen Kampf nicht alleine gewinnen, sondern nur über eine breitere öffentliche Debatte darüber, welchen Weg Europa in der Digitalisierung einschlagen soll. Axelle Lemaire hat ein Stück weit vorgezeigt, wie das gehen kann, und dabei gleichzeitig bewiesen, dass partizipative Gesetzgebungsverfahren einen Mehrwert für politische Entscheidungsprozesse bringen.

DIE ZUKUNFT IM DIALOG GESTALTEN

Was Papst Franziskus unter einem „guten Kampf" versteht, warum wir bei uns selber beginnen müssen, was uns auf dem Weg zu einer neuen Beteiligungskultur helfen kann und Europa wieder näher an die Bürger bringt.

Auf den kommenden Seiten soll noch einmal beleuchtet werden, welche Kernelemente diese partizipative Demokratie, die gerade über die „freundliche Revolution" Einzug hält, im Kleinen ausmachen und was sie im Großen bewirken kann. Alles befindet sich im Umbruch und Europa ist mit multikausalen Herausforderungen konfrontiert. Eine davon ist die wachsende Ungleichheit in unserer Gesellschaft. Sie suggeriert einem immer größeren Teil der Bevölkerung, dass das „System" gegen sie ist und dass es ihren Kindern auf keinen Fall besser gehen wird, während eine kleine mobile und vermögende Schicht sich abschottet. Die Digitalisierung wiederum stellt die größte Kulturrevolution seit Erfindung des Buchdrucks dar und fordert damit alle Gesellschaftsbereiche. Im Nahen Osten und Afrika treiben austrocknende Landschaften und Naturkatastrophen Menschen in bewaffnete Auseinandersetzungen und in die Flucht. Warum sollte unser politisches System diese Veränderungen überleben? Noch dazu ist die Demokratie auch in Europa eine relativ neue Errungenschaft und die

Rechte der Mitbestimmung und freien Meinungsäußerung wurden vor gar nicht allzu langer Zeit erkämpft. Wollen wir ein Europa, das sich brutal nach außen abschottet und nach innen immer ungleicher wird und damit vielleicht am Ende in eine brutale Repression verfällt? Wir wissen aus der Weltgeschichte, dass solche Gesellschaften am Ende kollabieren und nicht fähig sind, demokratische Prinzipien hochzuhalten.

Wir stehen also vor der Frage, ob unser Gesellschaftssystem durch blutige Revolutionen aus den Angeln gehoben wird oder ob eine konstruktive Evolution möglich ist. Anders als uns manche oft glauben machen wollen, hat unsere Zukunft kein vorverfasstes Drehbuch. Es liegt an uns, sie zu gestalten – und wenn wir das verabsäumen, bekommen wir eine, die wir nicht wollen. Ein Baustein und Beitrag zu konstruktiver Veränderung ist die Weiterentwicklung unserer repräsentativen hin zu einer partizipativen Demokratie.

➔ Die partizipative Demokratie höhlt die Instanzen des alten Systems nicht aus, sondern verstärkt und ergänzt sie. In Zeiten zunehmender gesellschaftlicher Entfremdung schafft sie Räume der Begegnung und schmiedet Allianzen zwischen Bürgerschaft und Politik.

Die Fähigkeit zum Dialog

Das zentrale und bedeutendste Element für das Gelingen der freundlichen Revolution ist der Dialog. Wie Papst Franziskus am 6. Mai 2016 eindrücklich in seiner Rede anlässlich der Verleihung des „Karlspreises“, der für besondere Verdienste um die europäische Einigung jährlich in Aachen verliehen wird, betonte, geht es bei unserer Dialogfähigkeit um einen „echten Lernprozess, sowie eine Askese, die uns hilft, den anderen als ebenbürtigen Gesprächspartner anzuerkennen“ und ihm „als anerkanntem und geschätzten Gegenüber“ zuzuhören. Für Franziskus wird der Frieden in unserer Gesellschaft nur „in dem Maß dauerhaft sein, wie wir unsere Kinder mit den Werkzeugen des Dialogs ausrüsten und sie den ‚guten Kampf‘ der Begegnung und der Verhandlung lehren“.

Beginnen wir also mit der Frage, mit welcher Haltung wir in den Dialog mit anderen Menschen treten. Wie gehen wir mit den Menschen um, die uns am nächsten sind, in unseren Beziehungen, Familien und Freundschaften? Wie schnell urteilen wir oft über den anderen, haben schon die Antwort im Hinterkopf, bevor die Frage überhaupt fertig formuliert wurde? Trauen wir unserem Gegenüber in der Schule, im Vereinsleben oder im Beruf zu, etwas zur Lösung eines Problems oder zu einer wichtigen Frage beitragen zu können? Wie gehen wir mit Widerständen und Konflikten um: Verkriechen wir uns, wenn es brenzlig wird, oder können wir zivilisiert auch anderer Meinung sein? Wie sehr sind wir überhaupt im Gespräch präsent? Haben wir uns nicht alle schon einmal dabei erwischt, wie wir in Gedanken ganz woanders weilten und abgelenkt waren, während unser Gegenüber uns etwas mitzuteilen versuchte?

Die Kultur der permanenten Verfügbarkeit und Ablenkung wird durch unsere Smartphones, ohne die wir offenbar kaum einen Moment auskommen, noch verstärkt. Darüber hinaus lächeln uns aus Facebook immerzu dieselben Meinungen und Haltungen, wie wir sie selber vertreten, entgegen. Wir sitzen wie Narziss vor dem Teich, bemerken gar nicht, dass diese glänzenden Bildschirme mit der Realität nichts zu tun haben. Beginnen können wir diese Reise zu einer neuen Kultur des Dialogs also nur bei uns selbst. Um in Zeiten der permanenten Ablenkungen überhaupt ins Gespräch mit anderen treten zu können, müssen wir zuerst zur Ruhe kommen.

Hinzu kommt, dass wir bei Stress, Angst oder anderen negativen Gefühlsregungen oft auf Gehirnregionen zurückgreifen, die uns vereinfacht gesagt zu Flucht oder Angriff verleiten. Der Hirnforscher und Psychologe Daniel Kahneman nennt es „System I“, die Menschheit hat es aus der Steinzeit mitgenommen. Das „System II“ wiederum ist der rationale und analytische Modus des Menschen, in dem er bewusst entscheidet, jedoch verträgt es sich nicht gut mit Stress- oder Konfliktsituationen.

Vielleicht sind es ja einfache Achtsamkeitspraktiken, die am Beginn einer Kulturveränderung stehen müssen. Was für den einen das morgendliche Gebet oder die Meditation ist, ist vielleicht für den anderen das Laufen oder das Wandern in der Natur. Eine Studie zur Effektivität von psychologischer Beratung hat herausgefunden, dass Patienten, die von Psychotherapeuten, die am Morgen meditiert hatten, behandelt wurden, sich besser betreut und wahrgenommen fühlten. Die Kontrollgruppe jener, deren Therapeuten nicht meditierten, erzielte eine deutlich schlechtere Bewertung, ohne dass Mitglieder der beiden Patientengruppen wussten, wer meditiert hatte und wer nicht. Meditierende Politiker im Parlament? Würden wir das akzeptieren oder würden wir uns darüber lustig machen?

Die Kunst guter Gespräche

Unsere eigene Dialogfähigkeit ist die Grundlage einer neuen Beteiligungskultur, ganz egal ob wir als Verantwortungsträger zur Beteiligung einladen oder uns mit Wissen und Ideen einbringen. Um die Herausforderung zu meistern, aus unterschiedlichsten Ansichten, und verschiedensten Wissensbausteinen etwas Gemeinsames zu entwickeln, kann man sich Hilfe von außen holen.

Egal, ob im Gemeindeentwicklungsprojekt, in der Stadtteilentwicklung oder anderen komplexen, kooperativen Vorhaben: Viele Partizipationsprozesse profitieren von einer professionellen Moderation. Diese Prozessbegleitung sichert den Beteiligten eine Neutralität und führt mit einer gewissen Absichtslosigkeit durch die Gespräche.

➔ Auch wenn der Grundgedanke des ergebnisoffenen Arbeitens überall derselbe ist, gibt es kein standardisiertes Schema, das zu allen Fragestellungen passt.

Ein guter Moderator wird das Wissen darum einbringen, welche Form der Beteiligung sinnvoll ist. Er wird darauf achten, dass bestehende Machtgefüge und Hierarchien dem Gespräch nicht im Weg stehen und die Begegnung auf Augenhöhe geschehen kann. Manchmal, wie im Beispiel der irischen Bürgerversammlung, kann es sinnvoll sein, eine Person mit hoher Anerkennung und Seniorität als Vorsitzenden zu nominieren. Diese Person bringt weder ihre eigene Meinung ein noch greift sie in die Moderation ein. Sie wacht alleinig über die Grundprinzipien, allen voran jenem, dass alle Stimmen gehört werden. Die Moderation sorgt im Idealfall dafür, dass transparent und fortlaufend über den Fortschritt und die Ergebnisse berichtet wird, da ein Einzelner leicht den Überblick verlieren kann, wo sich der Prozess gerade befindet. Grundsätzlich wird bei den meisten Prozessen die Arbeit in Kleingruppen – wo Ideen fließen und verdichtet werden – ergänzt durch Präsentationen im Plenum oder Diskussionen in einem größeren Rahmen, die alle an Bord holen oder auch Konflikten ihren Raum geben. Das Setting hat immer Einfluss darauf, wer sich wie einbringen kann und will.

Die Kunst, Gastgeber guter Gespräche zu sein, muss man aber nicht den Experten überlassen. Es zahlt sich aus, sich ein Grundverständnis der Methoden anzueignen, diese Erfahrung habe ich auch beim *Europäischen Forum Alpbach* gemacht. Wenn man selber in der laufenden Arbeit in der eigenen Organisation oder im Netzwerk gefordert ist, Menschen und Ideen zusammenzubringen, zahlt es sich umso mehr aus, ein wenig über partizipatives Führen und Kooperation zu lernen. Auch eine Reihe meiner Kolleginnen und Kollegen in meinem Organisationsteam hat über die Jahre Trainings dieser Art besucht.

Mittlerweile bietet das Europäische Forum Alpbach auch im Rahmen des jährlich seit 1945 im August stattfindenden Kongresses *Art of Hosting* Trainings nach Vorbild des *Vorarlberger Zukunftsbüros* an. Die Qualität der Ergebnisse von Programmplanungssitzungen mit Experten, von internen Besprechungen oder Vereinsversammlungen konnte dadurch um ein Vielfaches gesteigert werden. Das Wissen um gute Dialogführung wurde so in unsere Organisation geholt. Die allesamt ehrenamtlich engagierten Fachbeiräte haben durch die verbesserte Meetingqualität auch das Gefühl, ihre Zeit und ihr Wissen effektiver als zuvor einbringen zu können. Niemand will zurück zu den klassischen Sitzungsszenarien, die nur aus einer Abfolge von Monologen bestanden und bei denen oft einige wenige die Diskussionen dominierten. Dass diese Formate durch Kurzweil und Dynamik bestechen und damit oft auch mehr Freude und Spaß machen können, ist ein zusätzlicher Nebeneffekt.

Ziele abstecken und Rahmenbedingungen setzen

Beteiligung ist eine ernsthafte Sache, die nur gelingt, wenn Prozesse gut aufgesetzt sind. Wie der Bürgermeister von Mäder betonte, sollte man an der Qualität nicht sparen, nur dann führt das Wissen von vielen zu besseren Entscheidungen, als bei solchen, die „top down" getroffen werden.

➔ Bevor der Initiator oder Träger eines Vorhabens – egal ob Bürgermeister, kommunaler Verantwortlicher oder Entscheidungsträger – zu einem Prozess einlädt, muss ihm klar werden, was das eigentliche Ziel und der Zweck des Beteiligungsprozesses ist.

Welchen Gestaltungs- und Entscheidungsspielraum kann ein Initiator ermöglichen? Worum geht es eigentlich und was soll danach besser werden? Beteiligung ist ein Instrument und kein Selbstzweck. Die schönsten Ideen können im Sande verlaufen, die feinsten Gespräche am Ende zu mehr Frustration und Ohnmacht führen, wenn wir uns selbstverliebt nur auf die Hülle und den Schein verlassen.

Die verbreitete Praxis, Bürgerbeteiligung zum reinen Akzeptanzmarketing von schwierigen Vorhaben, wie zum Beispiel bei Bau- oder Infrastrukturprojekten, zu organisieren, hat mit Beteiligung wenig zu tun. Dabei ist es kein Problem, wenn Informationsveranstaltungen zu kontroversiellen Vorhaben durch Elemente aus dem partizipativen Werkzeugkasten verständlicher und offener gestaltet werden. Es geht hauptsächlich darum, die Dinge beim Namen zu nennen. Wenn Entscheidungen schon getroffen sind und klar ist, wohin die Reise geht, muss das auch klar und ehrlich gesagt werden.

Eine weitere Unart ist es, Beteiligung zu Marketingzwecken und als politisches Wohlfühlprogramm zu imitieren. Eines der aufwendigsten Scheindialogformate war wohl jenes, zu dem die deutsche Bundesregierung unter dem Titel „Gut leben in Deutschland" zwischen April und Oktober 2015 eingeladen hatte. Über 15.000 Bürgerinnen und Bürger beteiligten sich in unterschiedlichsten Formaten, online oder in eigenen Veranstaltungen. Das ganze Kabinett mitsamt Kanzlerin Angela Merkel reiste durch das Land, um mit Bürgern der Frage nachzugehen, was Lebensqualität in Deutschland ausmacht. Der zeit- und kostenaufwendige Prozess mündete in einem 241 Seiten starken Bericht, der im Oktober 2016 der Öffentlichkeit präsentiert wurde. Nur nahm niemand davon Notiz und die Ergebnisse hatten keine Auswirkungen auf reale Politikentscheidungen. Es war Beteiligungstheater auf höchster Ebene.

Ebenso erging es dem „Deutschen Klimaschutzplan", an dessen Ausarbeitung Bürgerinnen und Bürger vorbildhaft von Beginn an einbezogen wurden. Die teils zukunftsweisenden Vorschläge und Forderungen wurden aber von der Bundesregierung, die die Interessen der Industrie, Autofahrer und Großbauern im Nacken hatte, so verwässert, dass von den innovativen Ideen wenig übrig blieb. Solche Prozesse frustrieren die Beteiligten am Ende mehr und wirken demotivierend, sich auf künftige Beteiligungsangebote einzulassen.

➔ Scheinbeteiligung, zum Akzeptanzmanagement oder zur politischen Werbung, untergräbt das ohnehin erheblich gestörte Vertrauen in die politischen Organe und das politische Personal.

Viele Initiatoren haben womöglich gar keine Manipulationsabsicht, verabsäumen aber, zu hinterfragen, wie weit der Mitentscheidungsspielraum geht und ob es nicht andere Stufen in der Hierarchie gibt, die Entscheidungen torpedieren könnten, weil sie endentscheidungsverantwortlich sind. Klarheit steht im Vordergrund. Selbst die Irische Bürgerversammlung *(Citizen Assembly)*, die einen klaren Auftrag vom irischen Parlament hat, weist ihre Teilnehmer von Anfang an immer wieder darauf hin, dass ihre Empfehlungen nicht direkt auf die Gesetzgebung wirken, sondern nur indirekt. Das Wissen um diese Beschränkungen hat die Bürgerinnen und Bürger nicht minder motiviert, sich einzubringen, aber dafür gesorgt, dass keine falschen Erwartungshaltungen entstanden sind.

Verständliche Sprache und verständliche Inhalte

Der russische Schriftsteller Leo Tolstoi (1828–1910) soll andere Intellektuelle seiner Zeit einmal gewarnt haben, dass, wenn diese nicht einmal in der Lage wären, sich einem einfachen Bauern zu erklären, es ihr Problem wäre und nicht das des Bauern. Diese Weisheit gilt umso mehr für die Demokratie, wo wir vergessen haben, dass die Hauptverantwortung beim Sender liegt und nicht beim Empfänger.

→ Anliegen und Positionen, die Grundlage von Entscheidungsprozessen, müssen so formuliert sein, dass sie auch für weniger gebildete oder weniger an juristische Diktion gewöhnte Gruppen verständlich und nachvollziehbar bleiben.

Es sind nämlich genau diese Gruppen, die aus traditionellen Prozessen oft ausgeschlossen bleiben. Die Information muss exzellent aufbereitet und allparteilich sein. Das schafft Glaubwürdigkeit und kann den Prozessverantwortlichen und der Politik in der Übersetzungsarbeit auch helfen, selbst ein besseres Verständnis des Sachverhalts zu bekommen. Zu glauben, dass die reine Verfügbarkeit von einer Masse an Informationen Transparenz schafft, ist falsch. Im Gegenteil, das kann schnell überfordern. Die Überbrückung des Spannungsfelds zwischen Allgemeinverständlichkeit und Fachexpertisen zahlt sich aus, wie auch das Beispiel der Arbeit von Sharon Finegan und ihrem Team im Sekretariat der *Citizen Assembly* beweist. Sollten, wie im irischen Fall, Expertisen bei ideologisch sehr umstrittenen Themen beigezogen werden, ist besonders auf die Überparteilichkeit der Experten zu achten. Gut aufbereitetes Informationsmaterial kann dann leicht über digitale Kanäle einer breiteren Öffentlichkeit zur Verfügung gestellt werden und dort „aufklärend“ wirken.

Aber auch Informationsmaterial darf nicht statisch bleiben. Genauso wie sich der Prozess weiterentwickelt, muss auch über den Fortgang des Vorhabens und neue Erkenntnisse berichtet werden. Ob durch eine Sondernummer der Gemeindezeitung wie in Mäder oder eine transparente, laufende Projektkommunikation über die städtische Webseite wie in Dortmund: Jeder unserer Pioniere hat diesem Thema die nötige Beachtung geschenkt.

➔ **Es sollte für alle Beteiligten auf jeden Fall nachvollziehbar sein, wie die Ideen weiterentwickelt werden und wie groß der partizipative Fußabdruck ist, das heißt, wie viel Einfluss die Beteiligung auf eine politische Entscheidung oder die Lösung eines Problems nehmen konnte.**

In diesem Zusammenhang bietet die Verschränkung digitaler und analoger Prozesse oft einen enormen Fortschritt, der noch zu selten genutzt wird. Wenn das Digitale der eigentliche Speicher und Dokumentationsraum für das Projekt wird, lässt sich Feedback noch viel direkter und personalisierter umsetzen. Über digitale Formate kann aber auch eine größere Öffentlichkeit am Prozess teilhaben, damit auch mit Bürgerbeteiligung kein abgeschotteter Prozess entsteht, den keiner sonst mitkriegt.

Ungleichheit verhindert Beteiligung

Dass bei der Frage, wer sich wie beteiligt, auch die soziale Komponente eine Rolle spielt, ist nicht zu unterschätzen. Bürger niedriger Einkommens- und Ausbildungsschichten neigen viel weniger dazu, sich an dialogischen Prozessen zu beteiligen. Dass sich soziale Ungleichheit negativ auf die Beteiligung sozial schwacher Gruppen auswirkt, hat der Politikwissenschaftler und Professor an der Universität Osnabrück, Armin Schäfer, in seiner 2010 erschienenen Studie „Die Folgen sozialer Ungleichheit auf die Demokratie" belegt. Dies wird besonders dort relevant, wo es nicht nur um die Stärkung bürgerschaftlichen Engagements geht, sondern Entscheidungen für alle getroffen oder vorbereitet werden sollen.

In kleinteiligen Strukturen, wie etwa Gemeinden, ist es leichter, jene direkt anzusprechen, die man sonst nicht erreicht. Im größeren, anonymen Umfeld empfiehlt es sich, auf die Zufallsauswahl zurückzugreifen. Wie das irische Beispiel belegt, kann durch die Zufallsauswahl von Repräsentanten aus jedem Bevölkerungssegment die notwendige Legitimität für die getroffenen Entscheidungen geschaffen werden. Das Anbieten von Kinderbetreuung minimiert die Hürde für viele Frauen, sich einzubringen. In der polnischen Stadt Gdansk ging man sogar dazu über, die per Zufallsverfahren für einen Bürgerrat eingeladenen Bürger und Bürgerinnen für ihre Teilnahme zu bezahlen, um sicherzustellen, dass sich auch sozial weniger gut gestellte Gruppen einbringen können. Hindernisse, die Ungleichheit und Ausgrenzung schaffen, sind auf jeden Fall nicht unüberwindbar und vielleicht kommen wir sogar einmal so weit, dass die konsultative Bürgerratstätigkeit in Stadt, Region oder für das Parlament wie bei einer Geschworenentätigkeit im Gericht zur automatischen bezahlten Freistellung von der Arbeit führt.

Demokratie erlebbar machen

Die gute Nachricht ist, dass das bürgerliche Engagement in Deutschland steigt. In Deutschland ist der Anteil an ehrenamtlich engagierten Bürgern (gemessen ab dem 14. Lebensjahr) seit 1999 von knapp über 30 Prozent auf über 43 Prozent gestiegen. Das geht aus Daten des sogenannten Freiwilligensurvey von 1999 bis 2014 zurück. In Österreich, schätzt das Sozialministerium, leisten 46 Prozent der Bevölkerung ab 15 Jahren in irgendeiner Form Freiwilligenarbeit in Vereinen und gemeinnützigen Organisationen.

➔ Der „Aktivbürger" will sich beteiligen, aber die Formen bestehender Mitbestimmung werden an vielen Orten noch immer als unzureichend erlebt. Vor allem gibt es wenige Möglichkeiten zur Mitbestimmung in Bereichen, die die Menschen unmittelbar betreffen.

Es braucht Räume, wo es möglich ist, die Erfahrung gelingender Beteiligung zu machen. Demokratie ist ein kontinuierlicher Entwicklungsprozess und muss in allen Gesellschaftsbereichen gelebt und erlebt werden. Vor allem im lebensnahen und direkten Umfeld der Bürger bieten sich umfassende Möglichkeiten zur Mitgestaltung, die in vielen Orten unzureichend genutzt werden. Willensbildungen zu Themen und Problemstellungen, deren Scheitern keine großen Risiken mit sich bringen, werden zu wenig geprobt. Genau sie bieten aber die Chance, Beteiligung in einem überschaubareren Rahmen „auszuprobieren". Soziales Lernen ist umso effektiver, wenn wir der Veränderung „ausgesetzt" sind, an ihr also teilhaben können.

Bei all den Diskussionen über Demokratie und über Beteiligung dürfen wir nicht übersehen, dass wir schon bei den Kindern und Jugendlichen beginnen müssen. Demokratische Prozesse schon im Kindesalter zu lernen hilft, später Demokratie in der Welt der Erwachsenen besser umzusetzen. Wir brauchen Menschen, sie sich nicht frustriert zurückziehen, sondern die sich artikulieren können und die auch einspringen, um Probleme zu lösen. Kinder sind neugierig, sie wollen wissen, wie die Welt funktioniert, und sie wollen mitgestalten. Wenn sie schon im Kindergarten oder Schulalltag gefordert sind, Probleme in der Gemeinschaft eigenständig zu lösen, lernen sie früh, was gesellschaftliches Engagement heißt. Kindergärten wie der von Rosi Lamprecht zeigen, wie es gehen kann. Plattformen, wie „Jungbewegt" der *Deutschen Bertelsmann Stiftung,* bieten das nötige Know-how und Ressourcen, die Schulen und Kindergärten in der Umsetzung brauchen.

Lernen in Netzwerken und von Gleichgesinnten

Bürgerinnen und Bürger sind Experten für ihr Lebensumfeld, aber oft reagieren sie auf die Einladung sich einzubringen zuerst mit Verunsicherung. Damit sie ihre Expertise einbringen können, muss auch die Politik von ihren Fähigkeiten überzeugt sein. Entscheidungsträgern helfen auf diesem Weg Möglichkeiten des Wissensaustausches und der Vernetzung. Das *Zukunftsbüro* in Vorarlberg vermittelt als regionale Verwaltungsstelle seit Jahren wertvolles Praxiswissen und evaluiert und begleitet Prozesse.

Im deutschen Bundesland Baden-Württemberg stellte der seit 2011 amtierende Ministerpräsident Winfried Kretschmer seine Arbeit unter das Motto der „Politik des Gehörtwerdens“. Kretschmer will ein „Musterland demokratischer Beteiligung“ schaffen. Dafür wurde eine eigene Staatsrätin für Zivilgesellschaft und Beteiligung ernannt, die unter anderem konsequent auf partizipative Gesetzgebungsverfahren setzt. In Frankreich haben sich neun Regionen in Allianz mit der *Vereinigung der Französischen Regionen* zusammengetan und die Innovationsagentur *La 27e Région* gegründet. Sie sieht ihren Schwerpunkt in der Begleitung offener Designprozesse, in denen Politik, Verwaltung und Bürger konkrete Verfahren oder Verwaltungspraktiken verbessern. Kompetenzstellen dieser Art sind eine Antwort, die Politik im Kulturwandel zu begleiten. Eine andere ist, konsequent auf Netzwerke und das Lernen von Kollegen zu setzen.

➔ Im Kleinen wie im Großen: In Zeiten von großer Veränderung vertrauen wir dem Urteil und der Einschätzung von ebenbürtigen Gesinnungs- oder Fachkollegen am meisten.

Das Wissen um die Effektivität des „Peer-Learnings“, des Lernens von Gleichstehenden, machten wir uns beim *Forum Alpbach* zunutze, als wir im Sommer 2015 die Bürgermeistertreffen zu Integration ins Leben riefen. Die österreichische Bundesregierung schien zu jener Zeit überfordert mit der Ankunft Tausender Geflüchteter im Land und viele Bürgermeister fühlten sich zu Recht mit der Situation alleingelassen. Innerhalb von zwei Wochen organisierten wir einen Kreis von Fachexperten zu unterschiedlichen, für die erste Integrationsarbeit in Gemeinden wichtigen Themen und suchten nach Pionieren, also Bürgermeistern, die schon über Jahre erfolgreiche Integration von Flüchtlingen in ihrer Gemeinde betrieben hatten. Anfang September folgten über hundert Bürgermeisterinnen und Bürgermeister unserer Einladung in die Hauptschule Alpbach, um von Kolleginnen und Kollegen beispielgebender Gemeinden zu hören, auf einem „Marktplatz“ Fachexperten um Rat fragen zu können und danach in kleinen Tischrunden das gesammelte Wissen zu verdichten. Am Ende fuhren die Teilnehmer gestärkt mit einem Rucksack voller Ideen und Vorschlägen, die aus der Praxis kamen und erprobt waren, in ihre Gemeinden zurück. Dass wir auf Ehrenamtliche zurückgreifen konnten, die das beim Treffen eingebrachte Wissen penibel zusammentrugen, half uns, binnen kürzester Zeit ein eigenes Handbuch zu Integration in Gemeinden herauszugeben.

Das Prinzip des Austauschs mit Gleichgesinnten lässt sich auch auf das Thema Beteiligung und partizipative Demokratie anwenden. Die Etablierung von Netzwerken von politischen Akteuren, Verantwortungsträgern und Pädagogen, die niederschwellige Beteiligungsprozesse initiieren wollen, ist ein effektiver Beitrag zum Wissensaustausch, der keine großen Organisationsstrukturen erfordert. Erfahrene Pioniere können dabei als Impulsgeber und Mentoren anderen zur Seite stehen.

Es ist alles sehr kompliziert

Die Proteste gegen das Bauvorhaben „Stuttgart 21", also den Hauptbahnhof Stuttgart von einem oberirdischen Kopfbahnhof zum unterirdischen Durchgangsbahnhof umzubauen, war für viele ein Warnruf, wozu die Entfremdung von Politik und Bürgern am Ende führen kann. Seit 1996 schwelt der Konflikt bis heute und die Protestbewegung organisierte Anfang 2018 ihre 400. Montagsdemo gegen das Bauvorhaben. Alleine die Kosten für die Sicherheitsmaßnahmen und die Verzögerungen am Bau sollten Warnung genug sein, dass es Sinn macht, früh auf Beteiligung zu setzen. Das Bauvorhaben „Stuttgart 21" wäre allerdings durch eine echte Beteiligung sicher ein anderes geworden, als jetzt umgesetzt wird.

➔ Politik kann durch glaubwürdige Beteiligung eine Art Frühwarnsystem etablieren, in welchem aufkommende Anliegen und Sorgen der Bevölkerung bereits in der Planungsphase wahrgenommen werden und darauf eingegangen wird.

Bei aller Betonung von verständlichen Inhalten ist die Öffnung hin zur Bürgerschaft paradoxerweise auch eine Chance, aus der medialen Verwertungslogik der Übervereinfachung auszubrechen. Dass alles sehr kompliziert ist, wissen wir spätestens seit dem oft belächelten Ausspruch des ehemaligen österreichischen Bundeskanzlers Fred Sinowatz (1929–2008). Aber es zahlt sich aus, vor allem in diesem Zusammenhang, das Zitat aus seiner Regierungserklärung im Jahr 1983 in seiner ganzen Länge zu zitieren: „Ich weiß schon, dass alles ist sehr kompliziert so wie diese Welt, in der wir leben und handeln, und die Gesellschaft, in der wir uns entfalten wollen. Haben wir daher den Mut, mehr als bisher auf diese Kompliziertheit hinzuweisen; zuzugeben, dass es perfekte Lösungen für alles und für jeden in einer pluralistischen Demokratie gar nicht geben kann. Helfen wir mit, dass die simplen Denkmuster in der Politik überwunden werden können und dass wir die notwendigen Auseinandersetzungen für einen demokratischen Willensbildungsprozess ohne Herabwürdigung der Demokratie führen können."

➔ Es braucht Mut, um auf Kompliziertheit hinzuweisen, statt sie zu ignorieren oder populistisch kleinzureden.

In der hyperbeschleunigten Welt digitaler Medien ist dafür aber kein Raum. Beteiligung kann Orte schaffen, wo Politik und Bürger wertschätzend aufeinandertreffen. Dort bekommt die Politik die Möglichkeit, sich zu erklären und eine alternative Öffentlichkeit zu schaffen. Die Bürgerinnen und Bürger erlangen wiederum ein Verständnis dafür, dass partizipative Demokratie kein Wunschkonzert ist und Sachverhalte nicht immer so einfach sind, wie wir sie uns wünschen würden.

Europa als Elitenprojekt

Die Europäische Union ist in ihren Ursprüngen ein Elitenprojekt. Gewöhnliche Bürger wurden in der Gründungsphase nicht eingebunden und hatten in den Nachkriegsjahren wohl auch andere Sorgen, als sich mit den Strukturen einer supranationalen Gemeinschaft zu beschäftigen. Doch zwischen Politik und Bürgern gab es ein Grundverständnis, dass es ein geeintes Europa braucht.

Wie wurde der Glaube an das gemeinsame Europa erschüttert? Haben nicht auch die politischen Eliten dazu beigetragen, als sie Ende der

1970er-Jahre begannen, den Markt ins Zentrum der europäischen Einigungsbestrebungen zu stellen? Die freien Märkte wurden immer mehr zum Götzen der Einigung, ihnen musste alles untergeordnet werden. Am Anfang lief alles glatt. 1989 zerbrach der Kommunismus und die liberale Weltordnung hatte endgültig gesiegt. Mit Ausnahme des tragischen Blutvergießens am Balkan war es ein friedlicher Übergang.

Zum Primat des Binnenmarkts kam das Primat des freien Welthandels ohne Wenn und Aber. In den 1990er-Jahren und Anfang der 2000er-Jahre galt man als „linker Träumer“, wenn man das Welthandelsregime kritisierte oder die Auslagerung der Industrie nach Fernost. Die arbeitende Klasse, deren Reallöhne über Jahre stagnierten, wurde durch Billigprodukte, die Europa überschwemmten, ruhiggestellt. Die Finanzkrise von 2008 verstärkte die soziale und wirtschaftliche Ungleichheit. Die Banken Deutschlands und Frankreichs pumpten billiges Geld in den Süden Europas und befeuerten dort den Hunger nach Konsumgütern aus dem Norden, bevor die Blase platzte.

Die Herausforderungen im Zusammenhang mit den Themen Migration und Integration wurden über Jahre vom linken und liberalen Lager kleingeredet oder nicht wahrgenommen, was in den Augen des Intellektuellen Ivan Krastev zu Misstrauen in breiten Schichten der Bevölkerung geführt hat. Krastev, der am *Institut für die Wissenschaften vom Menschen (IWM)* in Wien beheimatet ist, meint dazu in seinem Buch „Europadämmerung“, dass die mangelnde Bereitschaft liberaler Eliten, sich kritisch mit der Migration und deren Folgen auseinanderzusetzen und zum politischen Thema zu machen, sowie die Aussage, die gegenwärtige Politik sei für alle Beteiligten von Vorteil, dazu geführt habe, dass der Liberalismus für viele Menschen zum Synonym für Heuchelei geworden sei.

Die „direkte Demokratie“ und Europa

Diese beschriebenen Denkverbote im Bereich Integration und Migration des einen Lagers nutzten die Populisten aus, um ihre Erzählung zur Dominanten zu machen. Dass Volksabstimmungen dabei bewusst vom rechten Lager instrumentalisiert werden, um dessen Weltsicht durchzusetzen und das Misstrauen gegen die Fremden zu schüren, beweisen unter anderem die Ereignisse in der Schweiz. Wo der ursprüngliche Zweck „direkter Demokratie“ ausgehöhlt wird und Regierungsparteien wie die SVP Volksabstimmungen für billige Stimmungsmache nutzen, muss die Antwort der Verteidiger der Demokratie sein, dagegenzuhalten. Aber nicht, indem man sich auf das Spiel der Manipulation einlässt.

Die Geschichte der *Operation Libero* zeigt, wie junge, politische „Überzeugungstäter“ unterschiedlicher Couleurs mit Inhalten und Fakten, die sie packend und verständlich kommunizierten, einen Sieg gegen Lügen und Propaganda errangen. Dabei verzichtete die Gruppe bewusst darauf, den politischen Gegner zu verteufeln oder diesem abzusprechen, dass es ihm nicht auch um „das Beste“ für das Land ginge. Flavia Kleiner und ihre Mitstreiter fokussierten stattdessen alle Energie darauf, für ihre Position zu werben und sich zu erklären, im Vertrauen, dass auch Fakten und Inhalte bei entsprechender Aufbereitung überzeugen können.

In anderen europäischen Ländern treten die populistischen Parteien mit dem Vorwurf an die Öffentlichkeit, dass die regierenden Eliten den wahren Volkswillen missachten würden, und fordern die Einführung der „direkten Demokratie“ nach Schweizer Vorbild. Dort wo sie möglich sind, verstärken nationale Abstimmungen zu gesamteuropäischen Themen oft die gegenseitigen Blockaden innerhalb der Union.

➔ Die Europäische Union lebt von der Kompromissfindung auf Basis von Verhandlungen. Nationale Alleingänge sind nicht nur hinderlich, sondern gefährlich für den Einigungsprozess.

Eine Stärkung des Europäischen Parlaments

Gleichzeitig spüren wir, dass die EU weit weg ist. Paradox ist das vor allem in der Wirtschafts- und Währungspolitik: Die Entscheidungen werden in Brüssel oder Frankfurt von Instanzen getroffen, die demokratisch nur schwer beeinflussbar sind. Europa scheint auch weit entfernt, weil die nationalen Parlamente ihre Regierungen ermächtigen, im Rat Lösungen auszuhandeln, die dann an die Nationalstaaten zur Umsetzung zurückgeschickt werden. Diese lange Kette des Delegierens schafft Distanz. Eine Antwort auf dieses viel zitierte „Demokratiedefizit" der Union muss eine weitere Stärkung des direkt gewählten Europäischen Parlaments sein. Mit der Einführung des Initiativrechts – also der Möglichkeit, selbstständig europäische Gesetzesvorlagen einzubringen – könnte man einen Anfang machen. Dieses Recht bleibt bisher der EU-Kommission vorbehalten.

Die Europawahlen – das heißt die Wahlen zum Europäischen Parlament – werden bei stets sinkender Wahlbeteiligung zum Stimmungsbarometer für nationale Themenstellungen. Dass überhaupt pro Land nur nationale Listen für das Europäische Parlament kandidieren, führt zu einer weiteren „Nationalisierung" der Europapolitik. Ein Weg aus diesem Dilemma wäre die Etablierung übernationaler Listen, die im gesamten EU-Raum mit einer einheitlichen Kandidatenliste antreten und sich am gleichen Tag in allen Mitgliedstaaten zur Wahl stellen.

Alternative Wege der Einflussnahme auf die Politik der EU sind bisher begrenzt. Die Kommission ist zwar stolz darauf, in den letzten Jahren auf Bürgerdialoge gesetzt zu haben, doch in Wirklichkeit sind das einfache Diskussionsveranstaltungen mit Kommissionsvertretern in Großstädten, bei denen die Bürger im Anschluss Fragen stellen können. Von echtem Dialog auf Augenhöhe ist dort wenig zu spüren. Seit dem Inkrafttreten des „Vertrags von Lissabon" besteht in der Union auch die Möglichkeit, über eine *Europäische Bürgerinitiative* (EBI) Einfluss auf die Politik der Kommission zu nehmen. Wenn eine Initiative im Zeitraum von zwölf Monaten über eine Million Unterschriften in mindestens einem Viertel der EU-Mitgliedsländer sammelt, muss sich die Kommission mit diesem Thema beschäftigen. Über die Bürgerinitiative, dem ersten direktdemokratischen Verfahren auf EU-Ebene, kann die Kommission allerdings nicht verpflichtet werden, einen Rechtsakt zum jeweiligen

Thema vorzubereiten und dem Rat und dem Parlament zur Diskussion vorzulegen.

Den Kritikern der EBI ist das zu wenig. Ihnen sind auch die Hürden, die in manchen Ländern bestehen, um Unterschriften zu sammeln, zu hoch. Die Kommission ist andererseits davon enttäuscht, dass die Erfahrungen mit der EBI gezeigt hätten, dass die meisten Bürgerinitiativen nicht zukunftsgerichtet agierten, sondern mit kontroversen, emotionsgeladenen Themen die Spaltung Europas verstärken würden. Das geht zumindest aus einem Protokoll einer Kommissionssitzung Ende Dezember 2015 hervor. Wie auch immer eine angedachte Reform der EBI ausfällt: Fakt ist, dass direktdemokratische Mittel erlernt werden müssen, von beiden Seiten, der Politik und der Bürgerschaft, und ein solcher Prozess Zeit braucht. Dabei müssen wir aber auch anerkennen, dass komplexe Zukunftsthemen sich selten auf eine „Ja/Nein“- oder „Pro/Contra“-Frage reduzieren lassen.

Für einen Europäischen Bürgerrat

Aber was könnte der Stimme der Bürger Europas stärkeres Gehör verschaffen und gleichzeitig zukunftsorientierte Kompromisse ermöglichen, die diese mittragen? Die Erfahrungen mit der *Bürgerversammlung* in Irland zeigen, dass dieses deliberative Verfahren ausgereift genug ist, um auch auf europäischer Ebene Anwendung zu finden. Könnte nicht eine permanente europäische Bürgerversammlung oder ein europäischer Bürgerrat, wie auch immer man es nennen mag, mit einer alle zwei Jahre wechselnden Zusammensetzung wertvolle Politikempfehlungen abgeben, die der Kommission als Arbeitsgrundlage dienen könnten. Der Auftrag einer solchen Versammlung, die sich wie in Irland aus einer Gruppe per qualifizierter Zufallsauswahl nominierter Bürger zusammensetzt, könnte bewusst darin liegen, die europäische Politik auf ihre Nachhaltigkeit und Zukunftsfähigkeit hin zu überprüfen. Hätte nicht ein Europäischer Bürgerrat, abseits des Erwartungsdrucks, dem die Politik permanent unterliegt, eine Chance, die großen Fragen der Zukunft zu stellen: Wie wollen wir in Zukunft leben? Wie wollen wir mit der Umwelt und unserem Planeten umgehen? Welchem Zweck dient die Wirtschaft? Was sichert ein friedliches Zusammenleben mit unseren Nachbarn?

DANKSAGUNG

Ohne die Unterstützung des *Europäischen Forum Alpbach* und seines Präsidenten Franz Fischler hätte ich dieses Buch nicht schreiben können. Eine viermonatige Auszeit von meiner Tätigkeit als Geschäftsführer erlaubte mir, mich im Herbst 2017 ganz meinen Recherchen und dem Schreiben zu widmen. Während meiner Abwesenheit hielt meine großartige Kollegenschaft, allen voran Sonja Jöchtl, die Stellung im Organisationsbüro des Forums.

Ich danke allen Gesprächspartnerinnen und Gesprächspartnern, die im Buch erwähnt werden, denn ohne ihre bespielgebende Arbeit gäbe es keine „freundliche Revolution“. Meinen Besuch in Vorarlberg bereicherten zusätzlich zu den erwähnten Interviewpartnern Gespräche mit Stefan Lins, Christian Hörl, Josef Mathis und Martin Strele. Neben den im Buch beschriebenen Dortmunder „Aktivbürgern“ bedanke ich mich auch bei Mario Böhm und Uwe Waßmann für ihre Zeit. Veit Dengler und Michael Hermann teilten weitere wertvolle Einsichten zur politischen Lage in der Schweiz mit mir und Steven Forti lieferte Hintergrundinformationen zur Arbeit von *Barcelona en Comú*.

Im Vorfeld des Buchprojekts gaben mir Emilio Galli-Zuggaro, Verena Nowotny, Stefan Wallner und Stefan Kranewitter wertvolle Empfehlungen für das Buchprojekt. Das *Institut für die Wissenschaften vom Menschen* (IWM) in Wien nahm mich als *Fellow* auf und das IWM war dank der Gastfreundschaft von Shalini Randeria, Knut Neumayer und vielen anderen über vier Monate viel mehr als ein gewöhnlicher Arbeitsort.

Claus Leggewie, Stephan Schulmeister, Andreas Kovar und Wolfgang Böhm halfen während der Recherchephase mit inhaltlichen Anregungen weiter. Allen voran Teresa Reiter, aber auch Theresa und Benjamin Glatz, Caspar Einem, Edward Strasser, Josef Lentsch, Nonno Breuss, Patrizia Nanz, Tamara Ehs und Josef Mitterer bin ich besonders für ihr Feedback zum Buch dankbar. Den Mitarbeitern der Styria Buchverlage, insbesondere Elisabeth Wagner, die akribisch die letzten Ungenauigkeiten im Text aufspürte, bin ich ebenso zu Dank verpflichtet.

Während der ganzen Zeit stand meine Frau Christina mir als inspirierende Gesprächspartnerin und Unterstützerin des Vorhabens zur Seite. Unsere drei Kinder wiederum verziehen mir meine Recherchereisen und die damit verbundenen Abwesenheiten.

WEITERFÜHRENDE LITERATUR

Zur Krise der Demokratie und der Lage Europas, eine persönliche Auswahl:

Colin Crouch: *Postdemokratie.* Edition Suhrkamp 2008

Heinrich Geiselberger und Arjun Appadurai: *Die große Regression. Eine internationale Debatte über die geistige Situation der Zeit.* Edition Suhrkamp 2017

Ivan Krastev: *Europadämmerung.* Edition Suhrkamp 2017

Jan Werner Müller: *Was ist Populismus? Ein Essay.* Edition Suhrkamp 2016

Zu Bürgerbeteiligung und Bürgerräten bietet folgendes Buch eine gute Vertiefung an:

Claus Leggewie und Patrizia Nanz: *Die Konsultative. Mehr Demokratie durch Bürgerbeteiligung.* Wagenbach 2016

Wann und wie man das „Wissen der Vielen" nutzen kann und sollte:

James Surowiecki: *Die Weisheit der Vielen. Warum Gruppen klüger sind als Einzelne und wie wir das kollektive Wissen für unser wirtschaftliches, soziales und politisches Handeln nutzen können* (Originaltitel: *The Wisdom of Crowds,* übersetzt von Gerhard Beckmann). Bertelsmann 2005

Zu Sprache, Framing und den Theorien von George Lakoff:

Elisabeth Wehling: *Politisches Framing. Wie eine Nation sich ihr Denken einredet - und daraus Politik macht.* Edition Medienpraxis 2016

Der Klassiker des Nobelpreisträgers zu wie wir denken und entscheiden:

Daniel Kahneman: *Schnelles Denken, langsames Denken* (Originaltitel: *Thinking Fast and Slow,* übersetzt von Thorsten Schmidt). Penguin 2016

Eine spannende Analyse zum Losverfahren als Alternative zum Wählen:

David van Reybrouck: *Gegen Wahlen. Warum Abstimmen nicht demokratisch ist.* Wallstein 2016

Weblinks mit weiteren Studien und Informationen zu Demokratiereform und Bürgerbeteiligung:

Eine wertvolle Sammlung an Informationen zu Standards, Handlungsempfehlungen und Basiswissen zu Beteiligung bietet die Informationswebsite des österreichischen Bundesministeriums für Nachhaltigkeit und Tourismus (BMNT): http://www.partizipation.at/

Die Bertelsmann Stiftung bietet eine umfangreiche Sammlung an Studien zu Bürgerbeteiligung und hat einen eigenen Bereich zu Mitentscheidung im Kindergarten: https://www.bertelsmann-stiftung.de/de/themen/demokratie-gestalten/buergerbeteiligung/

STYRIA
BUCHVERLAGE

Wien – Graz – Klagenfurt

ISBN 978-3-222-15012-8

Bücher aus der Verlagsgruppe Styria gibt es
in jeder Buchhandlung und im Online-Shop
www.styriabooks.at

Covergestaltung: Emanuel Mauthe
Buchgestaltung und Satz: Florian Zwickl
Lektorat: Elisabeth Wagner

Druck und Bindung: Finidr
Printed in the EU
7 6 5 4 3 2 1